Une femme française

De la même auteure

Le Lieu des possibles, Éditions de l'Observatoire, 2019.
Respirer, Éditions de l'Observatoire, 2018.
Mon combat pour Paris. Quand la ville ose..., Flammarion, 2014.
Travail au bord de la crise de nerfs, avec Jean-Bernard Senon, Flammarion, 2010.
Une femme dans l'arène, Éditions du Rocher, 2006.

Anne Hidalgo

Une femme française

ISBN : 979-10-329-2051-0
Dépôt légal : 2021, septembre
© Éditions de l'Observatoire/Humensis 2021
170 *bis*, boulevard du Montparnasse, 75014 Paris

À mes parents, Antoine et Maria.

Introduction

La France en considération

« Le trésor ! Le trésor !... Il faut sauver le trésor ! »
Dans la nuit du 15 au 16 avril 2019, Notre-Dame brûle et chacun agit comme il peut face à cette tragédie. Les pompiers de Paris montent au feu, professionnels et héroïques. Des lucioles dans la nuit tragique. Pour ma part, j'ai quitté mon bureau sur l'autre rive de la Seine et je me tiens à quelques centaines de mètres du brasier, dans le poste de commandement. À côté de moi, le recteur de la cathédrale, Monseigneur Chauvet, répète ces mots qui tiennent à la fois de la supplique et de l'encouragement : « Il faut sauver le trésor de Notre-Dame ! »
Opération réussie ! Grâce à une chaîne humaine qui met rapidement à l'abri la fameuse couronne d'épine, la tunique de saint Louis, des tableaux et d'autres objets du culte. C'est d'ailleurs la première bonne nouvelle de cette soirée qui verra six cent cinquante pompiers se relayer et prendre des risques inouïs pour sauver, sous les yeux du monde entier, un bâtiment religieux que la plume de Victor Hugo a rendu universel. Mais que faire du trésor ? Dans la précipitation, il a été entreposé dans un baraquement de chantier gardé par le GIGN... L'émotion nous saisit toutes et tous, la mobilisation

des équipes est impressionnante, mais l'État, pour sa part, est absent quand il s'agit de régler les détails : le ministère de la Culture ne peut mettre à disposition un camion pour venir chercher cette part de notre patrimoine.

Je propose alors au recteur de transférer le trésor à l'Hôtel de Ville où il existe des coffres-forts. J'appelle mes collaborateurs ; l'un trouve un camion et y monte avec le précieux chargement, un autre le suit en voiture avec la mission de ne jamais le perdre de vue. Arrivés à la mairie, nous déchargeons les objets dans la cour ; les agents de la Ville forment alors une quasi-haie d'honneur à ces reliques dont on touche du doigt, à ce moment-là, toute la valeur historique et religieuse.

La République assure la liberté de conscience. Elle garantit le libre exercice des cultes, proclame l'article 1er de la loi de 1905. Dans la nuit du 15 au 16 avril 2019, la République laïque s'est montrée à la hauteur de sa tâche. Et s'agissant de Notre-Dame, la phrase prononcée par Clemenceau, après la victoire de 1918, pourrait s'appliquer à merveille : « La France, hier soldat de Dieu, aujourd'hui soldat de l'humanité, sera toujours soldat de l'idéal. »

La leçon de Notre-Dame

Si je prends le temps de raconter cette histoire, c'est qu'elle me paraît condenser à elle seule toute une partie de l'époque que nous avons vécue depuis une dizaine d'années. En quelques heures, nous avons su nous unir

Introduction

dans l'adversité comme nous l'avons fait à chaque fois que la France a été touchée. Je pense en particulier aux attentats de janvier et novembre 2015, mais cela vaut aussi pour la pandémie qui nous frappe depuis 2020.
  Pourtant, malgré cette formidable unité, les faiblesses de l'État sont patentes. La centralisation excessive des décisions l'a rendu impuissant. C'est précisément ce que symbolise cet épisode du camion « introuvable ».
  Tel le trésor de Notre-Dame, incapable de traverser la Seine, l'action de l'État s'enlise, impuissante à franchir le dernier kilomètre entre elle et la vie réelle des Français. Cette expérience, nous l'avons tous faite durant la pandémie. Les Français d'abord, mais aussi leurs maires partout sur notre territoire. Qu'il s'agisse des masques, des règles de confinement ou des vaccins, les technocrates dont on était fiers hier se sont transformés en bureaucrates qui nous rendent désormais la vie impossible, dire « non ce n'est pas possible » est sans doute la phrase que l'on entend le plus dans notre temps que l'on soit citoyen, chef d'entreprise, syndicaliste, militant associatif, maire.
  Depuis 2012, la France a été frappée par des séismes divers mais répétitifs dont les répliques se cumulent pour fragmenter le pays comme rarement dans notre histoire. D'abord le terrorisme islamiste qui, à Toulouse, à Montauban, à Paris, à Nice, à Magnanville, à Saint-Étienne-du-Rouvray, à Trèbes, à Conflans-Sainte-Honorine et plus récemment encore à Rambouillet ou à La Chapelle-sur-Erdre, a causé la mort de 271 personnes. Le mouvement des Gilets jaunes, ensuite, qui

Une femme française

a embrasé les territoires périphériques avant de semer le chaos dans le cœur des métropoles durant l'hiver 2018-2019. Enfin, la crise sanitaire qui nous épuise depuis plus d'un an en imposant peu à peu un « monde d'après » sur lequel nous avons le sentiment de ne pas peser. À tout cela, bien entendu, s'ajoute le désespoir social d'un nombre de plus en plus important de nos concitoyens ; sans oublier le plus important, comme une lame de fond, le dérèglement du climat dont chacun peut mesurer sur le pas de sa porte les premiers effets que constituent les canicules ou les inondations à répétition.

En 2017, il y eut une promesse d'apaisement, de réconciliation, voire de disparition des clivages historiques. Aujourd'hui, notre pays est à la peine, dans quelque chose qui semble le dépasser sans contrôle. La méthode patine.

La considération, clé du politique

En politique, après la clarté d'une vision, la méthode est tout. Elle met en cohérence les intentions – les engagements de campagne – avec les réalisations concrètes que sont les politiques publiques, tout en insistant sur les conditions dans lesquelles ces actions vont pouvoir se réaliser. Il est illusoire de penser de façon magique en s'imaginant que « dire c'est faire », alors qu'il s'agit avant tout de savoir « comment » et « avec qui ». Cette sagesse politique s'apprend avec le temps passé auprès des citoyens, en dialogue avec les associations, en

Introduction

concertation avec les partenaires sociaux ; à hauteur d'homme ou de femme, et à portée de voix. Cette sagesse politique s'apprend aussi avec les épreuves. Je parle de tous ces moments où l'évidence de la solution, imaginée par les meilleurs experts, rencontre la vie ordinaire. Et fort heureusement, celle-ci ne se laisse pas dompter par une déclaration solennelle.

Les Français sont indociles à tout ce qui s'impose à eux sans souci de leur quotidien, rétifs à ce qui maltraite leur dignité. À l'ignorer, on pourrait les croire réfractaires ; ce n'est pas vrai.

C'est là, précisément, que l'expérience d'un maire est irremplaçable. Pour ma part, toutes ces années au service des Parisiens m'ont appris une manière d'agir que je crois être la clé du politique : la considération. Elle guide nos actions mais permet aussi de répondre aux demandes de reconnaissance que je vois s'exprimer partout. Gilets jaunes, soignants, jeunesse, travailleurs, enseignants, pompiers et policiers toujours en première ligne..., la liste est longue de toutes ces colères qui expriment finalement les mêmes choses : les efforts trop rarement récompensés, l'égalité trahie, l'autonomie empêchée, les réponses incompréhensibles, la dignité ignorée des vies modestes. À tout cela, s'oppose la considération. Car ce qui affleure chez un grand nombre de nos concitoyens, c'est la certitude lancinante que, malgré les promesses et les grandes déclarations, ils demeurent substituables dans leur travail, inaudibles lorsqu'ils défendent leurs valeurs, invisibles par leurs modes de vie, et finalement impuissants par

Une femme française

leur vote : nous travaillons mais vous ne le voyez pas, nous souffrons mais vous ne l'entendez pas, nous crions mais vous ne nous écoutez pas. Alors à quoi bon ?

La politique a pourtant un objet clair : construire un chemin, offrir un avenir et représenter les citoyens, c'est-à-dire restituer une voix et une place dans la Nation. Toutes et tous sont irremplaçables. Chacun doit pouvoir être écouté et chacun peut espérer vivre de manière autonome. Ce projet est celui de la République. Il a comme ligne d'horizon l'émancipation et pour règle la considération.

Comme l'explique fort bien la philosophe Corine Pelluchon à qui j'emprunte le mot, la considération va au-delà de l'attention, de l'égard, du respect ou de l'écoute que l'on doit à chaque citoyen. La considération, c'est la conviction que personne n'est de trop ou ne compte pour rien. Que les sentiments humains, comme la douleur, la solitude ou la fatigue qui assaillent aujourd'hui les Français, fondent aussi un monde commun. Ce dernier m'a accueillie à ma naissance – ou à mon arrivée en France en ce qui me concerne. Mais il survivra à ma mort individuelle ; il est tissé par les générations passées et présentes, mais aussi pour les futures. Il repose sur tout un patrimoine culturel et naturel ainsi que des institutions qu'il nous faut à notre tour préserver, faire évoluer et transmettre.

La considération, le dialogue sont à l'origine de l'action. Elle n'empêche pas la controverse ou le conflit qui font aussi partie de la vie démocratique. La décision il faut bien la prendre. Elle peut faire des mécontents, elle

Introduction

peut créer du clivage. J'en sais quelque chose. Mais elle est forte de la légitimité que donne l'élection : faire ce que l'on dit et dire ce que l'on va faire scelle le contrat avec les citoyens. Encore faut-il de la clarté.

Nos promesses républicaines

Habiter une France commune est la perspective du principe de « considération ». Dans les pages qui suivent, je voudrais en donner de nombreux exemples qui me tiennent particulièrement à cœur tant ils symbolisent l'unité de notre pays et notre spécificité aux yeux du monde : la révolution du féminin, en premier lieu. Oui, le temps des femmes est venu ; non pas comme une revanche à prendre sur les hommes, mais comme l'ajout et aussi la reconnaissance d'une expérience supplémentaire et précieuse à notre aventure humaine collective. Mon attachement à la laïcité également. C'est elle qui fonde notre vie en commun et arme une République capable de s'opposer à la querelle des identités qui couve et nous menace.

À mes yeux, notre modèle politique universaliste n'est ni daté ou obsolète, ni même écrasant ou méprisant des cultures de chacun. Il est au contraire le cadre reconnu dans lequel ces cultures et ces identités peuvent s'exprimer pacifiquement. Il ne s'agit pas de les mettre au pas car on les jugerait trop bruyantes ou envahissantes. Il faut au contraire pouvoir les accepter pour qu'elles se mêlent, s'enrichissent et entrent en conversation les unes avec les autres. C'est le principe même de la

Une femme française

France depuis ses origines : un maximum de variété sur un minimum d'espace. Toute notre histoire a d'ailleurs consisté à faire sienne cette diversité et, pour l'État, à civiliser une société divisée par des passions antagonistes, religieuses ou politiques. L'avènement de l'État a répondu à cet enjeu. Ce faisant, il a garanti aux Français une forme de liberté toujours plus importante au fur et à mesure que le pays se libérait de l'Ancien Régime et que la République s'enracinait dans les consciences. C'est pourquoi, à mes yeux, la République est bien multiplicatrice d'identités ; c'est sa force et sa grandeur.

Mais cette République ne restera qu'une vaine incantation si, en définitive, elle se révèle incapable de tenir les promesses de sa naissance, c'est-à-dire l'émancipation de toutes et tous et l'égalité réelle ; qu'il s'agisse de l'école, du travail, de la santé ou du logement, les quatre principaux intégrateurs dans la société moderne. C'est pour cette raison que la République laïque est aussi indiscutablement sociale. L'une ne s'avance pas sans l'autre.

Évoquant la Révolution française, le poète Ossip Mandelstam chérissait ce qu'il appelait « la sublime promesse faite au tiers état ». C'est très précisément à ces engagements concrets que sont venus nous rappeler les millions de citoyens qui ont défilé le 11 janvier 2015, partout en France ; ils s'opposaient à la barbarie. Mais aussi ces centaines de milliers d'anonymes sortis de chez eux, le 17 novembre 2018, pour occuper un rond-point de leur commune, renouant ainsi avec un engagement civique et social qui a fait les grands moments de notre histoire ; les Gilets jaunes des débuts

Introduction

du mouvement nous rappelaient ce que la dignité doit au travail et à la capacité de conduire sa vie librement. Le combat écologique doit aujourd'hui évidemment en tenir compte. Sans oublier l'immense masse des travailleurs économiquement essentiels mais socialement invisibles qui, vaille que vaille, ont continué à travailler et à tenir lorsqu'en mars 2020 la France s'est mise à l'arrêt. Ils ont été applaudis et soutenus dans un élan de solidarité montant des profondeurs du pays.

La souveraineté des citoyens

La considération due aux citoyens pour ce qu'ils sont et pour ce qu'ils font s'accompagne également d'une considération vis-à-vis des territoires sur lesquels ils vivent et où s'enracinent leur existence et celle de leurs proches. Partout où je me déplace en France, je suis sidérée de la coupure entre un État lointain, abstrait et bureaucratique que je côtoie aussi à Paris et le foisonnement des solutions locales, celles des gens qui travaillent, du quotidien, de l'entreprise, de l'engagement solidaire, de la vie dans les communes ou les régions. Certes, la nation française a été façonnée par l'État au point que l'image que nous avons de ce dernier est directement indexée sur l'idée que nous nous faisons de nous-mêmes : quand l'État va mal, la société n'est pas mieux. Mais notre État doit retrouver une place et un rôle qui lui permettent de favoriser les initiatives et les libertés locales. Cette révolution de la proximité, ce Big

Une femme française

Bang territorial, représente la seule solution pour tenir enfin la France en considération.

Je sais bien sûr que la politique nécessite de l'incarnation. Et vient nécessairement un jour où chacun doit prendre ses responsabilités. Pourtant, aussi légitime soit-elle, l'ambition ne peut être ni solitaire, ni abstraite comme on rédigerait une dissertation. Savoir écouter, prendre le pouls du pays, comprendre la vie quotidienne de ses habitants, se laisser porter par son rythme et ses paysages, voilà ce que représente à mes yeux la première responsabilité d'une femme politique. Ces derniers mois, je suis allée à la rencontre de ce que j'ai appelé « l'équipe de France des maires » afin de me nourrir de toutes leurs expériences intimes du pays, de leur vision et de leurs projets. Alors que l'épidémie touchait encore notre pays et que les conditions sanitaires restaient drastiques, j'y ai côtoyé une France des solutions, la France de ce qui marche, de ce que les gens créent en partageant autour d'eux et en s'engageant localement. C'est peut-être une autre définition de la souveraineté.

La souveraineté, en effet, c'est l'engagement des citoyens, leur capacité à s'inscrire comme acteurs de la démocratie en continu et non comme de simples consommateurs des réseaux sociaux. La souveraineté, c'est aussi une France moins centralisée où l'on fait vraiment confiance aux corps intermédiaires et aux élus locaux, à nos partenaires sociaux et territoriaux qui inventent des solutions pratiques mobilisant tous les acteurs. La souveraineté enfin, c'est dans le domaine

Introduction

écologique la façon dont chacun se prend en main, là où il est, pour venir appuyer les efforts politiques et industriels au plus haut niveau. Comme tous ces maires, de grandes comme de plus petites villes, qui construisent à leur échelle un programme de transition écologique car ils constatent tous les effets concrets du changement climatique dans leurs communes. Je sais que la somme de toutes ces solutions locales ne fait pas une solution nationale mais je suis, en revanche, intimement convaincue qu'il ne peut plus y avoir de politiques nationales qui ne tiennent compte des expérimentations, des inventions et des libertés locales. Il ne peut y avoir de politique nationale qui ne comprenne les grands mouvements du monde.

Ce livre est aussi pour moi l'histoire d'une rencontre ; celle d'une femme française avec son pays. Fille d'immigrés espagnols, arrivée en France à l'âge de 3 ans, je suis devenue aujourd'hui maire de Paris.

Maire de Paris : quel mandat magnifique et exigeant ! C'est une immense responsabilité de chaque instant.

Première femme maire de Paris en 2014, réélue en 2020, j'ai mesuré la force et l'influence de Paris capitale de la France dans le monde. J'ai pu agir avec mon équipe pour transformer Paris, agir pour améliorer la vie des Parisiennes et des Parisiens, j'ai beaucoup appris des artistes, de façon concrète. J'ai proposé une vision et un chemin pour ma ville, pour l'adapter et la transformer en pensant aux générations futures, et en relevant les défis du XXIe siècle : le dérèglement climatique et la lutte contre les inégalités qui déstabilisent nos

Une femme française

démocraties. J'ai beaucoup appris des Parisiennes et des Parisiens, de tous les acteurs en particulier, les corps intermédiaires qui font battre le cœur de la ville. J'ai beaucoup appris des épreuves. Je ne suis plus la même qu'avant les attentats de 2015 qui nous ont endeuillés. J'ai beaucoup appris de mes rencontres internationales, des expériences de mes collègues maires européens, africains, maires du monde entier. J'ai mesuré à chaque fois la voix singulière de Paris dans le monde, la force de son message.

Aux côtés des sportifs, je me suis également engagée et ai mené une campagne victorieuse pour ramener à la France les Jeux olympiques et paralympiques. Gagner les Jeux, c'est retrouver notre fierté, notre unité pour accueillir le monde en 2024.

Ce parcours, ces combats sont le fruit d'un engagement et d'un attachement : engagement pour les valeurs universelles qui fondent notre République et nous pressent maintenant de tenir sa promesse ; attachement à cette voix singulière de la France en Europe et dans le concert des nations, attachement profond à la France, à son histoire et à toutes ces « petites patries » où foisonne l'intelligence territoriale des citoyens et de leurs élus.

C'est à eux que je dédie cet ouvrage.

1
Un engagement au féminin

« Je ne peux pas quitter ce bureau sans te dire ce que je pense du projet de loi sur l'avortement. C'est une régression pour le droit des femmes et une division de plus dans la société ; en France, c'est l'objet d'un consensus entre la gauche et la droite. Si bien incarné par Simone Veil.
— Je te remercie pour ta franchise mais tu comprendras, je l'espère, que je ne peux pas te répondre sur ce sujet. »
Nous sommes le 11 juillet 2014 au palais de la Moncloa, résidence officielle du président du gouvernement espagnol. Cet échange clôt un entretien que je viens d'avoir avec Mariano Rajoy, Premier ministre conservateur de l'époque. Cela fait quatre mois que j'ai été élue maire de Paris. Mon élection constitue un motif de fierté pour les Espagnols, même de droite, et ce en dépit du passé antifranquiste de mon grand-père. À leurs yeux, c'est comme si l'un d'entre eux venait de conquérir Paris, c'est-à-dire... la France. À tel point que la version espagnole du magazine *Vanity Fair* vient de me désigner personnalité de l'année, raison de ma présence à Madrid. Et pourtant, c'est bien une femme française qui se tient ce jour-là face au Premier ministre espagnol.

Une femme française

En 2011, l'une des promesses électorales des conservateurs espagnols portait sur la restriction du droit à l'avortement. Présenté fin 2013, un projet de loi prévoyait de ne plus l'autoriser qu'en cas de viol ou de grave danger pour la femme. Les Espagnoles s'étaient immédiatement mobilisées. Dans d'autres pays également la mobilisation avait eu lieu ; j'y avais pris ma part. Et je ne pouvais pas rencontrer Mariano Rajoy sans porter la voix de toutes ces femmes. Sans lui rappeler aussi ce que la liberté et l'égalité des femmes françaises devaient au droit à l'avortement, c'est-à-dire à cette consécration d'une appropriation personnelle, libre et consciente de notre corps. En France, ce droit représente la pierre angulaire de la libération des femmes. Il a mis le point final à une domination millénaire où seuls trois rôles nous étaient concédés à l'avance : le dévouement maternel, la disponibilité sexuelle et le repli domestique ; maman, putain ou ménagère...

Cette spécificité des femmes françaises, je la porte en moi et l'apporte avec moi partout où je me rends, bien décidée à la défendre et à l'incarner. Comme je le faisais à cet instant face à Mariano Rajoy. Évidemment, celui-ci réserva sa réponse. Mais il tint tout de même à m'en faire part. Ce fut l'année suivante, le 11 janvier 2015 : suite aux attentats de *Charlie Hebdo*, de Montrouge et de l'Hyper Cacher, une cinquantaine de chefs d'État et de gouvernement s'étaient rendus à Paris pour la grande marche aux côtés du président François Hollande. À l'invitation de celui-ci, je me rends à l'Élysée. Mariano Rajoy est déjà arrivé. Je me dirige vers lui

Un engagement au féminin

pour le saluer et d'emblée il me lance : « Tu as vu ? La loi sur l'avortement a été retirée. »

Ce n'est pas seulement ma voix qui a porté mais bien le combat des femmes espagnoles, soutenues par des femmes du monde entier.

Pourtant, il y avait quelque chose de symbolique dans l'empressement de ce Premier ministre conservateur à m'en rendre compte, ici, à Paris, en ce jour où l'on célébrait la liberté d'expression et la laïcité. Comme s'il apportait lui aussi sa reconnaissance aux libertés françaises.

Libres et égales

Nos libertés sont universelles bien sûr, descendant en droite ligne de la Déclaration des droits de l'Homme de 1789. Mais si je parle de « libertés françaises », c'est aussi parce que je mets au même plan et au compte de l'histoire de France les libertés d'expression, de conscience et de disposition de son propre corps. Elles donnent à notre pays sa singularité dans le concert des nations ; cette manière que l'on nous reconnaît d'être français et, pour les femmes, d'être libres et égales à part entière.

En effet, l'égalité avec les hommes procède avant tout de la liberté que nous avons gagnée grâce aux combats féministes. Cela vaut bien sûr pour l'avortement, mais pas seulement. L'indépendance économique tient une large place aussi. Et en ce qui me concerne, celle-ci découle directement de l'accès à l'école. Sans cela, pas d'égalité possible.

Comme beaucoup de femmes, je l'ai compris assez tôt, au moment de l'adolescence. Cet âge de la vie où chacun

Une femme française

est en quête de liberté et se heurte aux barrières familiales ou sociales. Malheureusement pour les filles, elles sont souvent plus nombreuses et plus hautes. Mon père était un homme ouvert mais un produit de son milieu et de son éducation : un ouvrier immigré espagnol aux idéaux de gauche, mais élevé dans une culture où le respect des rôles traditionnels distingue les hommes des femmes. En réalité, il avait surtout peur pour ma sœur et moi ; il n'y avait pas de garçon dans la famille. Et si je voulais construire ma vie, je compris très vite que je devrais conquérir ma liberté. À l'époque, il ne s'agissait que de sorties, d'aller voir des copains ou de se rendre à une boum. J'ai alors eu le sentiment que, si j'avais été un garçon, cela se serait passé autrement. Petit à petit, je parvins à gagner du terrain contre les préjugés. Pour autant, il ne pouvait être question de le faire sans mes parents.

J'avais besoin de leur adhésion. Les discussions étaient orageuses mais franches ; j'y gagnai *in fine* leur confiance et ma liberté. Mais surtout, j'y forgeais deux solides convictions qui me semblent aujourd'hui encore partagées par une majorité de femmes.

La première concerne l'autonomie : si l'on ne veut pas dépendre de quelqu'un, qu'il s'agisse d'un conjoint ou de sa famille, et si l'on désire disposer de sa vie, alors il est indispensable d'être autonome financièrement. Cette indépendance n'est accessible qu'à travers le travail et les études. C'est pour cela que, dès l'âge de 18 ans, j'ai commencé à travailler, ce qui m'a permis alors de quitter le domicile de mes parents et d'étudier le droit à l'université.

La seconde certitude regarde l'égalité : à aucun moment,

Un engagement au féminin

les inégalités entre filles et garçons ne sauraient être justifiées. Personnellement, je n'ai jamais ressenti de différence de traitement, venant de professeurs par exemple. Évidemment, je connais les travaux qui montrent comment les stéréotypes peuvent s'immiscer dans les cours de récréation ou dans la manière qu'ont les professeurs de s'adresser différemment aux garçons et aux filles. Mais jamais un professeur ne m'a laissé entendre que quelque chose me fût interdit ou impossible en raison de mon sexe. C'est l'honneur de l'école républicaine que de faire vivre ainsi l'égalité. C'était vrai dans ma jeunesse et cela l'est resté.

Et je voudrais rendre hommage à tous les professeurs d'hier et d'aujourd'hui qui, inlassablement, regardent tous leurs élèves, filles et garçons, avec la conviction que l'ensemble des possibles leur est autorisé. À travers leurs yeux, c'est la République qui les voit et leur fait une promesse ; il nous revient désormais de la tenir.

Ces convictions m'ont portée tout au long de mes études, de ma vie professionnelle et politique. Une assurance que je dois à la découverte du féminisme. Mon entrée à l'université, en 1977, coïncide avec l'ouverture de la fameuse Librairie des femmes, place des Célestins, à Lyon. J'y passais du temps, me plongeant dans la littérature féministe.

J'y découvrais Simone de Beauvoir naturellement, mais aussi un grand nombre de collectifs de femmes dont la production était florissante. Je n'étais pas particulièrement militante et je n'ai jamais appartenu à un syndicat étudiant comme cela se faisait beaucoup à l'époque. En revanche, j'étais farouchement féministe, pressentant

Une femme française

qu'il y avait là un questionnement essentiel sur le fonctionnement du monde. D'autant plus que je commençais à avoir l'expérience du sort réservé aux filles.

Je travaillais pour payer mes études, notamment comme animatrice de sport le mercredi dans une école de Bron, commune populaire de la banlieue est de Lyon. J'encadrais un grand nombre d'enfants, dont beaucoup étaient issus de l'immigration maghrébine. Parmi eux, un certain nombre de filles, douées en sport mais que leurs parents retiraient souvent des entraînements quand elles atteignaient l'âge de la puberté. Lorsque j'allais voir les familles pour plaider la cause de ces gamines, je me heurtais toujours aux mêmes arguments : « Ce n'est pas fait pour les filles ! »

Les filles et les femmes devraient rester à la place que les conventions – pas forcément religieuses d'ailleurs – leur désignent et doivent de surcroît éviter le mélange avec les garçons qui présentent des risques. On imagine alors comment se mêlaient en moi la révolte contre cette assignation, la rage de me sentir impuissante à en triompher et la certitude que l'égalité et la liberté ne s'épanouissent que dans la mixité.

Cette dernière idée ne m'a jamais lâchée. Je m'y accroche d'autant plus fort que j'ai été de nouveau confrontée à ce type de situations lorsque j'ai commencé à travailler avec des associations de quartier au début des années 2000, tant au secrétariat d'État aux Droits des femmes que comme adjointe à l'Égalité à la mairie de Paris. Tout cela n'a malheureusement pas disparu ; ce poids culturel pèse encore alors même que l'égalité en droit est acquise.

Un engagement au féminin

La mixité, une expérience de l'égalité

Si l'égalité est un droit, la mixité en est sa réalisation. Par conséquent, au-delà de sa valeur propre, la mixité reste à mes yeux la méthode la plus efficace pour faire l'expérience réelle de l'égalité. On touche ici à la nature si particulière de la relation qui existe entre les sexes, en France, et que le monde entier nous reconnaît : les femmes françaises sont des femmes parmi les hommes ; pas à l'écart, non, avec eux ! Libres et égales.

Cette mixité n'est malheureusement pas donnée d'entrée de jeu. En la matière, mes réflexes ont été acquis très tôt, encore une fois grâce à l'école. Je me souviens parfaitement d'un été que j'ai passé en Espagne dans la famille de mes parents à Antequera, en Andalousie. Je devais avoir 13 ans. On me propose un jour d'aller à la piscine : quelle joie ! Mais pas à la piscine mixte. Non, à la piscine réservée aux filles car cela paraissait plus convenable, m'explique-t-on. Je me vois encore refuser la proposition qui me semblait aberrante : se passer des garçons ! Dans mon esprit de fille, les choses étaient claires : je vivais en France et là-bas la piscine était mixte, je ne pouvais pas faire différemment. Si aucun espace ne peut être interdit aux femmes, aucun non plus ne doit leur être spécialement réservé, en vertu de je ne sais quelles nature ou qualité.

Vivre dans une société mixte, cela signifie plus globalement que le combat des femmes ne se fait pas contre les hommes ou sans les hommes. C'est d'ailleurs la leçon

Une femme française

de toutes les luttes pour les droits au cours du siècle dernier : des alliances sont nécessaires. Qu'il s'agisse du droit des peuples à disposer d'eux-mêmes lors de la décolonisation, soutenue en France par une grande partie des intellectuels de gauche ; mais aussi des droits civiques aux États-Unis dont la cause a été épaulée par bon nombre d'étudiants blancs, souvent juifs ; et bien sûr du droit à l'avortement qui a pu compter sur l'engagement d'avocats ou de médecins.

À chaque fois, les populations et les individus discriminés ou dominés doivent s'adjoindre des alliés pour soutenir leur cause, emporter l'adhésion de la majorité de la population et réussir à faire changer les lois et les mœurs.

Mon féminisme a donc toujours été universaliste et il le reste. Nourri par ces grandes figures qu'ont été pour moi des femmes aussi différentes que Gisèle Halimi, Simone Veil ou Yvette Roudy, mais qui ont toutes en partage ce goût de la liberté que j'ai à mon tour cultivé. Ces femmes ont été pour moi des précurseures et surtout des modèles. Sur un point essentiel qui va au-delà des idées ou des opinions qu'elles ont défendues : à travers elles, il m'a été possible de me reconnaître à la fois comme mère mais aussi comme citoyenne engagée dans une carrière professionnelle ou militante et bien sûr femme libre ! Sans qu'aucun de ces moments de vie soit subi ou le fruit d'une résignation.

Ces mots sonneront peut-être comme une évidence aux oreilles des jeunes femmes d'aujourd'hui ; il faut pourtant se souvenir ce qu'ils avaient de neuf et de libérateur il y a à peine quarante ans. Évidemment, tout cela ne relève pas

Un engagement au féminin

de la seule volonté individuelle. Car l'épanouissement dont je parle ici s'appuie aussi sur des droits acquis et des politiques sociales volontaristes : le droit à l'avortement notamment, porté par Gisèle Halimi lors du procès de Bobigny en 1972 et consacré par Simone Veil avec la loi qui portera son nom en 1975, mais aussi les congés maternité ou la création d'un réseau de crèches dans toutes les villes. Si bien que les femmes françaises jouissent en Europe d'une liberté particulière qui ne les oblige pas à choisir, par exemple, entre mener une carrière professionnelle et avoir des enfants. Et cette possibilité qui leur est offerte ne relève pas seulement d'un confort matériel. Elle est d'ordre psychologique et presque existentiel : les choix des femmes ne s'accompagnent plus de culpabilité. C'est en tout cas comme cela que j'ai mené ma vie, protégé ma liberté et que je voudrais que chaque Française puisse le faire également.

Je sais que toutes les femmes ne bénéficient pas des mêmes avantages selon leur origine ou leur milieu. Pour ma part, même lorsque j'ai eu des enfants, je ne me suis pas sentie coupable à l'idée de continuer à travailler. L'exemple que je leur donnais d'une mère ni dans le sacrifice d'elle-même ni dépendante d'un homme m'a paru constituer un modèle plus inspirant que celui auquel j'aurais sans doute été vouée si mes parents n'avaient pas fait le choix d'émigrer en France.

Absence de culpabilité ne signifie pas cependant absence d'obstacles ou d'embûches. La route de la liberté, surtout pour les femmes, est semée de difficultés desquelles il faut triompher. Comme toutes les

Une femme française

femmes, j'en ai fait l'expérience dans le monde du travail et plus encore dans l'univers politique.

À l'encontre de toutes les idées reçues, c'est parmi les employés et les ouvriers que le travail des femmes a été le mieux accepté. Pour une raison simple mais historiquement enracinée : le travail féminin représente un surcroît de pouvoir d'achat pour les plus modestes. Si bien que dans notre pays, la condition des femmes repose sur un paradoxe qui lui donne sa force et son évidence : si la lutte pour les droits a été portée par les classes supérieures – la bourgeoisie éclairée –, l'égalité s'est réellement faite par le bas ; au moyen du travail des femmes qui a toujours existé même s'il a été rarement reconnu à sa juste valeur, s'agissant notamment des agricultrices, des commerçantes ou des conjointes d'artisans.

Ainsi, j'ai pu constater dans mon parcours combien « la guerre des sexes » devenait plus âpre au fur et à mesure que l'on s'élève dans la société et dans la hiérarchie. Comme si, à ce niveau-là, des hommes voyaient l'arrivée des femmes comme une concurrence déloyale. J'en ai moi-même été l'objet.

Au début des années 1990, après mon expérience d'inspectrice du travail, j'ai intégré la délégation à l'emploi, dans une petite équipe de jeunes fonctionnaires chargée d'anticiper les mutations économiques. C'était l'époque des grandes restructurations et nous étudiions les évolutions de plusieurs secteurs industriels en concertation avec les syndicats et les organisations patronales. En outre, j'avais comme interlocutrice l'administration centrale, c'est-à-dire un grand nombre de jeunes énarques

Un engagement au féminin

dont je n'étais pas la subordonnée mais avec lesquels, je le voyais bien, les relations tournaient régulièrement à l'affirmation de leur pouvoir. Je ne comprenais pas pourquoi. J'ai dû me rendre à l'évidence, mes collègues masculins ne connaissaient pas les mêmes difficultés. Avec moi, il se passait autre chose : l'impression d'une concurrence remettant en cause ma légitimité. Je n'ai alors rien cédé et j'ai fait comme toutes les femmes confrontées à une telle situation, j'ai travaillé plus dur. J'ai appris la nécessité d'une extrême précision et d'une constante anticipation. Ces exigences me seront également nécessaires quelques années plus tard comme conseillère auprès de Martine Aubry. Avec un portefeuille immense qui couvrait l'emploi, le travail, la formation professionnelle, le droit des femmes, la lutte contre l'exclusion et la santé, elle faisait face à des difficultés à côté desquelles les miennes ressemblaient à un échauffement. Un entraînement bienvenu néanmoins, tant Martine Aubry exigeait de ses conseillers une rigueur qui ne tenait pas seulement à ses qualités intellectuelles et politiques ou à son tempérament fonceur, mais, je crois aussi, à son expérience de femme.

La révolution de la parité

J'ai tiré de mes expériences professionnelles une leçon qui éclaire une bonne partie de mon parcours en tant qu'élue mais qui donne également la clé du rôle particulier que jouent les femmes dans notre monde politique.

Forte de tout ce que je viens d'expliquer, je suis convaincue que les femmes forgent au fil du temps une

Une femme française

expérience de vie différente de celle des hommes, ce qui induit chez elles un rapport inédit à la politique et au pouvoir. Je ne parle pas d'une « nature féminine » faite d'un mélange de valeurs dites maternelles et de bienveillance. Non, il s'agit des conditions dans lesquelles les femmes ont fait irruption dans l'exercice du pouvoir. Une effraction dans une cité jusqu'ici interdite qui les oblige, pour s'y faire leur place, à agir autrement que les hommes et souvent sur des sujets dont ces derniers rechignent à s'occuper. Je suis issue de cette histoire, celle de l'engagement des femmes en politique après la loi sur la parité.

Devenue en 1998 conseillère technique auprès de Nicole Péry, secrétaire d'État aux Droits des femmes de Martine Aubry, j'ai largement pris ma part pour peser en faveur de cette loi votée par le Congrès à Versailles en juin 2000. En retour, ce progrès eut un effet sur moi également. Je me sentis davantage en confiance pour m'engager en politique. Jusqu'à présent, c'était mon métier et ma spécialité – le droit du travail – qui m'avaient amenée dans les coulisses du pouvoir, à la délégation à l'emploi puis au cabinet de la ministre du Travail. Désormais, je souhaitais y jouer un rôle, aussi modeste soit-il.

L'engagement politique est d'une nature particulière. Il est souvent suspecté pour les avantages qu'il apporte ou moqué pour sa déconnexion d'avec le quotidien des gens ordinaires. Ce sont en effet des risques réels dont il faut se méfier en permanence. Mais s'engager, c'est avant tout accepter de devoir répondre, sous son

Un engagement au féminin

nom, d'un certain nombre d'actions qui modifient la vie collective et personnelle de celles et ceux qui vous confient un mandat. Cette responsabilité ne se prend pas à la légère. Au contraire, elle est le fruit d'une lente conversation avec soi-même. S'engager en politique est respectable, c'est un engagement noble au service d'un pays, d'une ville, de valeurs. Bref au service des autres.

On se forge ainsi une vision intime du monde ; une sorte d'intuition façonnée, en ce qui me concerne, par mes valeurs, ma culture, mon expérience du travail mais aussi grâce à la confiance que je sentais chez mes proches, familiaux, amicaux ou politiques. Autant de matériaux qui m'ont alors décidée à franchir le pas.

Pourtant, malgré la loi sur la parité, j'ai dû à chaque étape faire mes preuves : je n'étais pas la seule à vouloir briguer un mandat en 2001 à Paris. Proche de Bertrand Delanoë, dont j'estimais qu'il incarnait le changement dont la capitale avait besoin, et forte de son soutien, il m'a fallu d'abord remporter l'investiture contre trois autres candidates dans le 15ᵉ arrondissement où je militais. Ce fut un moment très intense et très dur. Et si je n'en étais pas sortie victorieuse, il est certain que je n'aurais jamais accédé à aucune responsabilité politique.

Celles-ci sont venues avec l'élection de Bertrand Delanoë comme maire de Paris qui m'a alors demandé d'être sa première adjointe. L'aventure n'a pas été de tout repos, c'est le moins que l'on puisse dire. Je crois d'ailleurs qu'entre 2001 et 2005, je me suis posé à peu près tous les jours la question de ma place à la mairie. Je pense, après tout, avoir administré la preuve de ma compétence comme de ma résilience. En politique, cette preuve n'a qu'un nom : l'élection. Par deux fois, en 2014 et en 2020, j'ai été élue maire de Paris.

Le pouvoir au féminin

C'est donc avec cette expérience que je me retourne aujourd'hui sur mon parcours en m'interrogeant sur la nature du pouvoir au féminin. Entre les femmes et les hommes, ce n'est pas tant l'exercice des responsabilités qui diffère que la manière d'habiter sa fonction, selon les expériences de la vie et ce que l'histoire nous a légué.

D'autant plus que le rapport des femmes à leur vie ou à leur corps n'est pas seulement cyclique et maternel ; il se joue ailleurs. Dans une expérience intime que seuls colorent le passage du temps et la fin de toute chose. Comme l'écrit l'historienne Mona Ozouf dans son magnifique livre intitulé *Les Mots des femmes*, « toutes vivent le désespoir de la limite ». Cette limite, explique avec profondeur la chercheuse Camille Froidevaux-Metterie, « c'est l'expérience fondamentale de la perte : pertes menstruelles qui signifient chaque mois la cessation momentanée de la potentielle fécondité, perte de l'enfant qu'il faut laisser sortir de soi, puis partir de chez soi, perte de la capacité maternelle elle-même dans la ménopause[1] ». Voilà des mots qui disent parfaitement ce que j'ai appelé « une expérience de vie différente ». Et avec laquelle il m'a fallu composer et m'imposer.

---

1. Camille Froidevaux-Metterie, *La Révolution du féminin*, Gallimard, 2015, p. 301.

Un engagement au féminin

À l'origine de la démocratie, qu'il s'agisse de la cité antique ou plus près de nous de la Révolution puis de la IIIe République, les femmes n'étaient pas présentes en politique. Les républicains se méfiaient de ces créatures trop liées à une nature qui se rappelait à elles régulièrement ou trop proches des prêtres et donc de l'Ancien Régime. Elles n'étaient pas des Hommes comme les autres. Depuis toujours, elles ont dû justifier plus que ces messieurs leur présence dans l'espace public. Ce faisant, elles ont apporté avec elles des sujets et des méthodes qui leur sont propres, touchant pour une large part au temps long de l'existence collective. Mais là encore, je ne crois pas que la raison de notre préoccupation du temps long soit à rechercher du côté d'un rapport spécifique des femmes à la maternité. Cela joue forcément, mais c'est plus simplement lié à la difficulté de notre parcours pour accéder aux responsabilités.

En ce qui me concerne, ce parcours m'obligeait. Non pas par devoir moral, mais par fidélité à celle que j'étais et à ce que j'avais déjà accompli.

Au début des années 2000, une femme qui, comme moi, accédait aux responsabilités politiques devait composer avec trois questions qui ont construit mon identité d'élue et celle que je suis devenue aujourd'hui : en quoi pouvais-je être utile ? Quelle était ma légitimité à occuper la fonction ? Et de quels sujets pouvais-je m'emparer ?

D'un côté, il y avait le besoin impérieux de donner un sens à mon action quotidienne : se maintenir en poste me paraissait si dur que ma présence devait revêtir un véritable intérêt, pas seulement pour moi mais pour les

Une femme française

citoyens. Qu'il est dérisoire de faire tant d'efforts si ce n'est pas pour agir et changer profondément le monde. D'un autre côté, j'ai dû combattre le procès en illégitimité qui entourait mon accession au poste de première adjointe. Non, je n'étais pas là parce que François Hollande poussait ma carrière ou que Bertrand Delanoë l'aurait faite à lui seul... Certes, accéder au pouvoir est difficile pour les hommes, sélectif et violent, mais son exercice paraît naturel à leurs yeux.

C'est précisément ce qui différencie les parcours des hommes et des femmes politiques. À l'époque de ma première élection comme première adjointe on entendait encore certains hommes se demander qui allait garder les enfants lorsque l'on évoquait des candidatures féminines... En réalité, il m'avait fallu du temps pour m'engager, pour me faire confiance et pour arriver à me dire que moi aussi je pouvais jouer un rôle. Enfin, cette lente maturation ne rend pas seulement mon parcours politique singulier, elle m'a incitée également à prendre quelques libertés avec l'un des codes du milieu politique dans lequel je faisais irruption. Ce qui m'orientait forcément vers un certain type de sujets.

En effet, si la politique veut vraiment améliorer la vie des citoyens, elle doit viser le temps long et sortir de l'immédiateté. C'est dans cette dynamique que s'inscrivent des sujets comme les générations futures ou l'écologie, sur lesquels il n'y a rien de très visible à court terme. Et ce n'est donc pas un hasard si la préoccupation écologique est portée aujourd'hui par un grand nombre de femmes.

Un engagement au féminin

Cette question est naturellement celle du temps long qu'elles ont imposé en politique ; elle bouleverse aussi par ailleurs la manière dont on aborde l'économie, le travail ou les institutions. S'en préoccuper, c'est se mettre dans l'obligation de faire autrement.

On m'a souvent reproché d'avoir imposé brutalement la limitation de la voiture à Paris et décrété l'interdiction du diesel. On m'a caricaturée en « antibagnole », alors que je suis antipollution et que la majorité des utilisateurs de voitures à Paris sont des conducteurs seuls à bord et membres de catégories sociales favorisées – les catégories populaires, les femmes et les jeunes utilisant avant tout les transports en commun.

Mais ce que l'on ne peut pas me retirer, en revanche, c'est d'avoir imposé dans la décision politique la préoccupation du temps long : se projeter dans un Paris moins pollué et apaisé, rêver d'un paysage urbain rénové, adapter la ville aux températures qui augmentent chaque été et chercher à inventer d'autres manières de se déplacer. Sur ce point d'ailleurs, la pandémie de la Covid-19 est, hélas, en train de me donner raison, plus vite et plus tragiquement que je ne l'imaginais...

Pour moi, il est impossible de faire de la politique en étant efficace sans avoir une vision qui forcément intègre le long terme et l'avenir des générations futures.

Outre ma personnalité, on aura compris, je pense, que ma politique n'est « féminine » que par les leçons que je tire des difficultés que j'ai dû affronter en tant que femme. Et des stratégies qu'il m'a fallu déployer pour en triompher. Pour y arriver, j'ai pu compter sur quelques

Une femme française

modèles féminins qui m'inspirent encore. J'ai toujours de l'admiration pour Simone Veil, Yvette Roudy et Martine Aubry. Je voyais des femmes ministres lutter chaque jour pour gagner des arbitrages et de la considération en tant que femmes politiques, notamment auprès des médias. Une fois élue, je me suis évidemment inspirée d'elles et de bien d'autres. Mais j'ai aussi recherché d'autres modèles que j'ai trouvés pour la plupart au niveau international.

Hillary Clinton fut l'un de ceux-là. J'ai aimé son expression très affirmée et sa position de pouvoir particulièrement sûre et méthodique. Les passages des *Mémoires* de Barack Obama à son sujet sont fascinants : il raconte son agacement mêlé d'admiration vis-à-vis d'elle lors des primaires démocrates en 2008. Il était en passe de gagner l'investiture de son parti ; tout le monde l'avait compris mais elle ne voulait rien savoir, elle poursuivait la lutte, s'accrochait et ne lâchait rien. Elle est ensuite repartie au combat en 2016 contre Donald Trump et a dû s'incliner après avoir paré des attaques ignobles et recueilli malgré tout sur son nom plus de suffrages que son adversaire.

J'ai retrouvé, à travers son exemple, l'ambiance de moments politiques connus qui sont comme des instants de vérité. J'aime les campagnes électorales, je le reconnais ; celles où l'on se bat dos au mur. À cet égard, je me rappelle la campagne municipale de 2020 lorsque tous les observateurs, tellement sûrs d'eux, ne me laissaient aucune chance, comme si l'élection se jouait dans les dîners en ville. Je ne connais aucune élection gagnée ou perdue d'avance ; je ne pratique que la compétition électorale loyale avec les électeurs comme juges de paix.

Un engagement au féminin

Dans ces moments-là, avec mon équipe, je sais ne devoir compter que sur mes convictions, faire preuve de courage et déployer une vraie capacité d'entraînement. Et sur ce point, c'est encore Michelle Bachelet, l'ancienne présidente du Chili, qui m'a le plus impressionnée.

Je l'ai rencontrée en 2004 avant qu'elle ne soit élue pour la première fois ; elle apparaissait alors comme une leader de la gauche chilienne. J'étais à Santiago avec une délégation française invitée à l'un de ses meetings. Toutes les personnes que j'avais rencontrées les jours précédents me disaient d'elle : « *Esta mujer es fenomenal !* », « Cette femme est un phénomène ! » À la même époque, en Argentine, une autre femme faisait parler d'elle : Cristina Kirchner, alors Première dame du pays avant d'être élue à son tour présidente quelques années plus tard. Leurs deux styles étaient aux antipodes et pour moi des sources inépuisables de réflexion tant l'art oratoire reste un exercice délicat pour les femmes.

Là où Cristina Kirchner s'adressait à la foule dans une rhétorique populiste qui la prenait aux tripes et la faisait vibrer, j'avais vu, ce soir-là à Santiago, Michelle Bachelet s'avancer à la tribune de manière très humble. Volontairement modeste, elle demeurait naturelle, sans forcer sa voix. Son charisme provenait de cette simplicité et de sa capacité à s'inspirer du quotidien des gens ordinaires pour s'adresser à tous.

En campagne, assumer ce que l'on est, ne pas tricher avec soi-même, dans un monde où l'image et le clash semblent dominer, est le moindre des respects dû aux électeurs comme à soi-même. Je rechigne devant les

Une femme française

petites phrases et les formules toutes faites ; dans la vie, personne ne parle comme un tweet. S'adresser à l'intelligence des citoyens, leur parler de ce qui fait leur vie quotidienne pour les rassurer, les faire changer d'avis et finalement les convaincre, reste quoi qu'il arrive mon idéal politique.

Un idéal que je cherche aussi à partager avec d'autres. Car je suis arrivée à un moment de mon parcours où des femmes politiques plus jeunes ou moins expérimentées viennent à leur tour me demander conseil sur la manière de conquérir et d'exercer le pouvoir. Cela a été le cas, par exemple, de Claudia Sheinbaum, la maire de Mexico. Nous avons un parcours un peu similaire : à peu près du même âge, nous avons d'abord été des femmes engagées dans notre métier avant de nous faire élire. Physicienne, membre du Giec et à ce titre colauréate du prix Nobel de la paix 2007, Claudia Sheinbaum a été, entre 2000 et 2006, secrétaire à l'Environnement de la ville de Mexico auprès d'Andrés Manuel López Obrador, le futur président du Mexique. En 2018, elle s'est finalement fait élire maire de Mexico, première femme à ce poste.

C'est à cette occasion, en octobre 2018, quelques mois après son élection, que je l'ai rencontrée lors d'une de ses visites à Paris. À l'écart des discussions protocolaires dans le cadre de la coopération entre nos deux villes, elle m'a demandé de lui faire part de mon expérience de femme politique : à quoi devait-elle s'attendre à son tour ?

La réponse que je lui ai faite ce jour-là résume le fond de ma pensée. En effet, exercer le pouvoir et partir à sa conquête relèvent avant tout d'un apprentissage.

Un engagement au féminin

Rude et singulier, mais dont on peut tirer des leçons de portée générale, notamment pour les femmes. J'ai donc commencé par lui dire qu'il faudrait qu'elle travaille plus dur que les autres pour asseoir sa légitimité, sa crédibilité et son autorité. Au risque de la caricature parfois. Mais cela, elle le savait, car si les femmes ont fini par être acceptées dans les sphères du pouvoir, elles continuent en revanche d'être contestées sous une forme nouvelle et insidieuse : elles sont élues, certes, mais on les trouve soudain dures, autoritaires, cassantes... Quand on ne les qualifie pas d'hystériques ou de folles.

L'expertise et la maîtrise des dossiers permettent alors de prouver que l'on n'a pas perdu la raison ou que nos hormones ne nous dominent pas, comme on l'entend parfois. Mais cela ne suffit pas. Parce que en définitive, être expert, c'est la moindre des choses pour un élu, mais cela ne suffit pas aux yeux des citoyens.

Assumer le pouvoir et s'y maintenir demandent donc d'autres savoir-faire qui malheureusement font souvent défaut aux femmes lorsqu'elles accèdent pour la première fois à des responsabilités politiques. En premier lieu, ne jamais agir seule. Ce n'est pas seulement de collégialité ou de délégation qu'il est question ; elles sont nécessaires. Mais il est impératif aussi de disposer autour de soi de réseaux et de groupes d'alliés pour ne pas rester isolée – y compris à l'échelle internationale. Il s'agit ainsi de prévenir les tempêtes médiatiques et politiques qui ne manqueront pas de se lever ; elles arrivent obligatoirement, il n'est que d'attendre... Cela a été mon cas à plusieurs reprises comme, par exemple, quand j'ai décidé de rendre les

Une femme française

berges de la Seine aux promeneurs. À cette occasion, j'ai dû affronter des vents d'une violence extrême.
J'ai été traitée de dingue ou d'idéologue, attaquée en justice et caricaturée presque tous les soirs à la télévision dans une émission satirique où chaque sketch se terminait immanquablement par ma mort violente... Dans ce moment-là, heureusement que je n'étais pas seule. Outre mon équipe, un grand nombre de Parisiens, des responsables politiques, des associations, des artistes, des intellectuels et aussi des maires de grandes villes, comme ceux de Londres, de Séoul ou de Los Angeles, ou encore Mike Bloomberg, ancien maire de New York, ambassadeur pour le climat auprès de l'ONU, se sont alors mobilisés pour soutenir ma politique, montrer son utilité et sa rationalité au regard de l'urgence écologique. Comme moi, ils étaient convaincus qu'on ne pouvait plus regarder ailleurs.

Ce que je dérangeais, en réalité, c'était des intérêts anciens, des rentes de situation et des gains à court terme d'une économie dopée aux énergies fossiles. Dans une telle bataille, mon secret a été de ne pas partir seule au combat. Tenir, en politique, impose avant tout de construire des alliances. Il ne s'agit pas seulement d'avoir une majorité politique, il faut être capable d'aller au-delà et de mobiliser dans la société civile celles et ceux qui vont relayer votre combat et ils sont là.

Pourtant, trop occupées à prouver qu'elles sont les meilleures à leur poste, les femmes « oublient » souvent d'agir collectivement, là où les hommes savent se transmettre une expérience et surtout des postes. Pour autant, je

Un engagement au féminin

n'emploie pas le terme de « sororité », concept qui tendrait à faire de toutes les femmes des complices, annulant *de facto* les divergences politiques. C'est un sentiment que je ne convoquerai pas dans un duel avec une femme d'extrême droite. En effet, si les femmes partagent une même expérience du monde – ce qui peut leur permettre de se retrouver, au-delà des clivages partisans, sur des combats communs, pour l'avortement par exemple –, elles n'ont pas toutes une vision identique de ce même monde. Être deux femmes face à face ne suffit pas à conclure un accord. En 2014, confrontée à Nathalie Kosciusko-Morizet ou en 2020 face à Rachida Dati et Agnès Buzyn, je leur ai victorieusement opposé un projet, une vision.

C'est l'autre point sur lequel il me faut insister : les femmes ne doivent pas seulement exercer le pouvoir différemment, elles doivent aussi s'intéresser de très près à la manière dont se construisent les projets et s'emparer, par conséquent, du combat intellectuel et des voies qui permettent une victoire culturelle. C'est une leçon essentielle que je dois, cette fois-ci, à la grande journaliste Françoise Giroud.

En 2001, lors de la campagne pour les élections municipales à Paris, j'avais participé à l'une de mes toutes premières émissions de télévision qui faisait débattre entre elles des femmes de tous bords. Malgré nos désaccords, nous nous étions entendues sur le fait que notre présence – c'était l'une des premières élections importantes après le vote de la loi sur la parité – nous permettrait alors d'élaborer des politiques plus concrètes. Françoise Giroud était sur le plateau.

Une femme française

Elle nous écoutait sans mot dire. C'était une femme d'exception, trop intelligente pour être dupe mais trop orgueilleuse pour supporter qu'on la crût dupe. À la fin, elle prit la parole et nous félicita, un brin ironique, pour cette unanimité et cette ode aux qualités propres des femmes. Toutefois, objecta-t-elle, cela est fort bien, mais si les femmes se contentent seulement d'être plus concrètes que les hommes, dans dix, quinze ou vingt ans, on en sera toujours au même point. « Vous devez aussi investir la pensée politique », asséna-t-elle. Et elle avait raison : en politique, les femmes ne peuvent pas se contenter de proclamer qu'elles apportent quelque chose de différent à partir de l'expérience qu'elles ont de la vie. Sinon elles demeureront cantonnées à cette sphère, condamnées à rester dominées. Elles doivent aussi investir les appareils et s'intéresser au champ de la pensée, là où s'élaborent les projets politiques.

Si l'on considère le pouvoir comme la capacité d'une personne à occuper, durant le temps de son mandat, une responsabilité lui permettant d'agir concrètement, alors c'est l'ensemble des attributs de ce pouvoir dont il faut se servir : il n'y a pas d'un côté l'action et de l'autre les idées, les deux forment un tout comme les deux jambes avec lesquelles la politique avance. Trop abstrait, le pouvoir tourne à vide et apparaît rapidement hors-sol ; uniquement occupé d'être factuel et pragmatique, il devient vite incompréhensible et sème le doute sur ses véritables intentions.

Évidemment, un maire ou un président gouvernent pour toutes et tous et au nom de toutes et tous, pourtant leur parole partage : non seulement les opinions

Un engagement au féminin

de ceux qui les écoutent et réagissent à ce qu'ils disent ; leur parole divise aussi ce qui est souhaitable de ce qui est impossible, ce qui acceptable de ce qui est inconcevable. Idées, valeurs ou vision, ce sont autant de repères indispensables à l'exercice du pouvoir. Et c'est en leur nom que l'on est amené également à rendre des comptes. C'est une dimension qui n'est pas anodine lorsque l'on est une femme. Je m'en suis rendu compte en 2020 lors de la campagne pour ma réélection.

Rendre des comptes fait partie de l'exercice politique. Je souhaitais ce rendez-vous qui venait à la fois clore mon mandat et ouvrir sur de nouveaux projets collectifs qui dépassent la seule personne. Mais il y avait une dimension supplémentaire, d'une portée plus symbolique, que j'ai ressentie au fil de la campagne dans mes nombreuses discussions avec des femmes.

Dans la rue, sur les marchés, dans des réunions publiques, celles-ci me disaient souvent : « Tenez bon ! » Elles n'avaient pas de commisération particulière pour mon sort, elles exprimaient plus sourdement une inquiétude sur le rapport des femmes au pouvoir. Et j'ai compris peu à peu que si j'échouais à me faire réélire maire de Paris – cette commune tellement en vue –, ce n'est pas seulement mon destin personnel qui en serait affecté, mais également la capacité des femmes à s'inscrire durablement dans l'exercice du pouvoir. J'en ai vu tellement renoncer à se représenter, lessivées qu'elles étaient par l'exercice de leur mandat. Mon échec aurait scellé notre sort de passagères clandestines de la politique. Je me suis donc battue, plus durement

Une femme française

encore, avec cette perspective à l'esprit, alors même que le bruit de fond médiatique me donnait battue d'avance. J'ai pourtant été victorieuse. Mais cette réélection n'est pas seulement un juge de paix, comme souvent en politique ; elle agit autrement : depuis un an, le regard des médias sur ma fonction et sur moi-même s'est transformé. Ainsi réélue, devient-on légitime à leurs yeux ?

Sans doute. Incontournable en tout cas ; puissante, comme on entend souvent. C'est une étape aussi qui me demande d'assumer désormais de nouvelles responsabilités, j'en suis consciente.

Le temps des femmes

Depuis que je suis élue, je reçois régulièrement des courriers de très jeunes filles s'interrogeant sur le fait de savoir si elles aussi pourront un jour devenir maire de Paris. Ma réponse est toujours la même : « Il n'y a aucune raison, si tu en as envie et si tu travailles pour y arriver, que tu ne puisses pas le devenir à ton tour. » C'est bien évidemment la théorie. Dans la pratique, les choses sont plus compliquées, plus brutales aussi. Malgré les nombreux changements survenus en France depuis cinquante ans, l'affirmation des femmes reste plus difficile que celle des hommes, moins encouragée également. Trop de stéréotypes faisant la part belle à la discrétion, à la bienveillance ou à la réserve naturelle restent associés aux qualités féminines et aux métiers dits féminins, majoritairement ceux du soin. Cela limite forcément l'imagination ou l'ambition des filles pour

Un engagement au féminin

réussir leur vie comme elles le désirent. Pourtant, je suis convaincue que le temps des femmes est enfin venu.

Entre la fin des années 1960 et le début des années 1980, la révolution du féminin a eu lieu. Depuis, celle-ci fait sentir ses effets, réorganisant en profondeur la société. Et ce n'est donc plus tellement sur le droit des femmes que se porte le combat, mais sur la réalisation des promesses d'égalité et de liberté. Ce qui donne parfois au mouvement féministe contemporain un côté impatient et radical que je comprends, même si je n'en partage pas les dérives antimasculines ou excluantes. En effet, il n'est plus temps de se demander ce que peuvent faire les femmes, mais plutôt d'atteindre cette indifférenciation des rôles sociaux au fondement de la mixité, comme le rappelle si bien Élisabeth Badinter dans *L'un est l'autre*[1].

À mes yeux, cette capacité d'indifférenciation des rôles entre hommes et femmes est un indicateur qui ne trompe pas. Force est de constater que cette indifférenciation est bien plus « empêchée » dans les catégories populaires que dans le reste de la population. C'est d'ailleurs l'une des leçons du mouvement des Gilets jaunes à la fin de l'année 2018 : combien étaient-elles à se mobiliser, ces femmes qui élèvent seules leurs enfants, jonglant avec les horaires et les kilomètres pour rejoindre leur travail ? Beaucoup trop. Comment croire alors à l'autonomie promue par la démocratie lorsque le seul moment pour souffler est le temps du transport entre un travail qui épuise et des charges de famille portées seule ; le temps passé en

---

1. Élisabeth Badinter, *L'un est l'autre*, Odile Jacob, 1986.

voiture, dans le RER ou le train régional devenant alors les uniques instants à soi dans cette double journée voire triple journée. Mais dans quelles conditions ?

Comme beaucoup de Français, j'ai été particulièrement marquée par la situation de toutes ces femmes. Je pense notamment à cette jeune aide-soignante, Ingrid Levavasseur, reconnue un temps comme l'une des porte-parole des Gilets jaunes avant qu'elle ne prenne ses distances ; mère seule, elle témoignait d'un courage et d'une dignité qui sont celles des femmes du peuple depuis toujours. Cette révolte des ronds-points a été l'occasion de voir enfin ce que hurlaient les statistiques depuis plusieurs années, en vain.

En 2015, par exemple, l'Insee estimait que près d'un tiers des familles étaient aujourd'hui monoparentales avec pour « chef de famille » une quasi-totalité de femmes dont presque 35 % d'entre elles sont considérées comme pauvres. Est-ce cela, l'égalité des sexes ?

La cause des femmes traverse bien évidemment toute la société ; les violences faites aux femmes par exemple, dans la rue ou chez elles, ne sont l'apanage d'aucune catégorie sociale en particulier. Pourtant, la cause des femmes des catégories populaires me tient à cœur par-dessus tout. Sans compter que la crise sanitaire que nous avons vécue durant plus d'un an n'a fait que dégrader leurs conditions de vie.

Si la crise économique de 2008 avait affecté en priorité les secteurs à forte prédominance masculine comme l'industrie ou le bâtiment, la pandémie et le confinement n'ont pas eu les mêmes conséquences cette fois-ci. En

Un engagement au féminin

effet, ce sont les femmes, plus souvent que les hommes, qui ont perdu ou arrêté leur emploi. Il est bien sûr trop tôt pour avoir une vision définitive de la dimension sexuée des métiers qui seront à terme détruits, mais beaucoup des secteurs économiques les plus affectés par la crise sanitaire sont des secteurs où la présence des femmes est majoritaire : le commerce, l'hôtellerie, la restauration ou les métiers de service. Et l'on mesure le paradoxe à voir les femmes, particulièrement mobilisées en première ligne dans les métiers du soin, être aussi celles qui paient finalement le plus lourd tribut social à l'épidémie.

Avec le recul du temps et celui de l'expérience, je me rends compte que les moteurs de mon engagement, qu'ont été la cause des femmes et la justice sociale, restent inchangés ; les formes se modifient mais les sujets demeurent.

Nous allons célébrer l'année prochaine les cinquante ans du procès de Bobigny qui fut pour moi une expérience fondatrice ; j'avais 13 ans et l'avortement, jusqu'ici problème de « bonnes femmes », se muait en question de société, bientôt politique. Gisèle Halimi avait alors usé de tout son talent, soutenue par de nombreuses femmes engagées comme Simone de Beauvoir ou l'actrice Delphine Seyrig, pour que la jeune Marie-Claire, âgée de seulement 16 ans, soit relaxée et que les autres protagonistes ne soient jamais condamnées. Pourtant, le scénario de l'affaire à l'origine du procès n'est pas sans évoquer le sort des femmes des classes populaires encore aujourd'hui : la mère de Marie-Claire était l'une d'entre elles ; modeste employée de la RATP, elle élevait seule sa fille ; cela rappelle des choses... Avant la loi Veil, les femmes qui en avaient les moyens

Une femme française

prenaient la route des pays voisins pour aller avorter, en Grande-Bretagne ou en Suisse, d'autres payaient très cher des médecins pour le faire quand les plus pauvres s'en remettaient à des avortements clandestins dans des conditions sanitaires hasardeuses. La mère de Marie-Claire ne disposait pas de ces ressources, elle s'en était donc remise à des collègues qui l'avaient confiée aux bons soins d'une « faiseuse d'ange » ; on connaît la suite : Marie-Claire dénoncée par son violeur et mise en examen...

Revenant sur la vie de Simone Veil, quelle émotion lorsque je découvris récemment à l'occasion de l'exposition « Nous vous aimons madame », à l'Hôtel de Ville de Paris, le discours manuscrit de cette femme exceptionnelle qui continue de m'inspirer. Une écriture à l'encre rouge portant à elle seule toute la force des femmes pour leur liberté.

Voilà qui est clair, à chaque époque l'isolement, le manque d'éducation et d'indépendance financière assignent les femmes à un sur-place enfermant et dangereux. C'était le cas en 1972, c'est encore vrai aujourd'hui. Et ce ne sera qu'à la faveur d'un combat exigeant, permanent et âpre pour la dignité et l'égalité que la République permettra à tous ses citoyens, femmes et hommes, de s'émanciper véritablement.

Car de Bobigny à la Covid-19 en passant par les Gilets jaunes ou d'autres mouvements sociaux, la lutte des plus faibles pour l'égalité profite toujours au plus grand nombre. Elle libère des énergies et des talents qui viennent s'enrôler et s'ajouter à la marche de la société. C'est ainsi que la France avance. Encore faut-il

Un engagement au féminin

accorder à tous ceux-là, à cette immense cohorte des citoyennes et citoyens, la considération et l'attention qu'ils demandent. Sans cela, aucune émancipation ni aucune réparation ne seront possibles. La République n'est possible qu'à ce prix.

2

La République quoi qu'il en coûte

J'avais 2 ans quand mes parents ont pris la route de l'exil, direction Lyon. Une décision difficile mais qui leur promettait une échappée loin de la pauvreté et de la chape de plomb du franquisme. Ni ma sœur, ni ma mère, ni moi-même ne parlions le français. Seul mon père Antonio – plus tard, il aimera aussi qu'on l'appelle Antoine – connaissait un peu la France qui l'avait accueilli en 1939, enfant, lorsque sa famille avait fui l'Espagne pour échapper aux troupes de Franco. Revenu au pays en 1940, mon grand-père est arrêté et mon père, considéré comme « fils de rouge », va alors grandir dans une Espagne, rétrograde et bigote, de laquelle il tentera toujours de s'échapper. À 17 ans d'ailleurs, il s'engage dans la marine marchande et fait le tour du monde ; il rentre quelques années plus tard en raison de ses obligations militaires et se fixe à Cadix où il épouse ma mère, Maria. Il est pauvre, ouvrier des chantiers navals mais rêve de repartir.

En famille cette fois-ci. Avec ses deux filles pour lesquelles il aspire à l'école républicaine française. En effet, il s'est frotté durant quelques mois aux bancs de « la communale » et il est persuadé que celle-ci nous permettra, ma sœur et moi, de connaître un avenir différent grâce à

Une femme française

l'école. Promesse tenue ! J'ai donc grandi à Lyon ; d'abord dans des appartements vétustes de la presqu'île puis dans l'Ouest de la ville, notamment dans le quartier de Vaise puis dans le nouveau quartier de la Duchère que l'on avait bâti à la hâte pour résorber l'habitat insalubre des quartiers ouvriers de Vaise, accueillir les rapatriés d'Algérie et loger la main-d'œuvre immigrée que l'industrie réclamait.

Fille d'immigrée et fille d'ouvrier, je me vivais chaque jour un peu plus comme fille de France, l'école donnant à tous les enfants dans mon cas un sentiment commun d'appartenance.

Nous savions pertinemment qui était qui et qui venait d'où, Espagnols, Italiens, Portugais, Arméniens, Maghrébins, Yougoslaves... Nos parents ne parlaient pas la même langue, à la maison nous ne mangions pas la même chose, nous n'avions pas les mêmes souvenirs de pays dont en réalité nous ignorions tout. Pourtant, plusieurs choses nous unissaient au-delà de ces différences visibles. Et avant tout, l'école. Celle où j'allais comptait une soixantaine de nationalités. Et quoi qu'on en dise, celle-ci transformait et transforme encore ces gamins en « d'excellents Français » comme le chantait Maurice Chevalier, en 1939, durant « la drôle de guerre ». La langue revêt un aspect primordial également : le français permet de se comprendre entre enfants différents ; ma mère l'a appris en me faisant réciter mes leçons, comme cela arrive dans beaucoup de familles immigrées, et en regardant la télévision dont les programmes uniques, qu'on ne regrette pas, accéléraient l'assimilation de la culture française.

La République quoi qu'il en coûte

Autre élément essentiel, le travail. Nos parents n'en manquaient pas en ce temps-là. Et tout étranger qu'il était, mon père pouvait quasiment choisir son patron tant il était possible à un ouvrier espagnol maîtrisant mal le français de trouver un poste à l'usine quasiment du jour au lendemain. Enfin, le mélange des familles au sein d'un même quartier apportait la dernière touche au tableau de l'intégration. C'est-à-dire le refus d'un entre-soi total qui sonne comme un enfermement. Certes, nous appartenions pour la plupart à des familles ouvrières, mais mes parents ont toujours refusé d'habiter dans un ghetto d'Espagnols. Ils n'ont pas souhaité, par exemple, déménager pour aller vivre à Vénissieux, dans le quartier des Minguettes, à l'est de Lyon, où se regroupait la communauté espagnole.

Ils avaient bien sûr des amis venant du même pays qu'eux et appartenaient à des associations d'entraide, mais ils n'avaient pas quitté l'Espagne pour ne se retrouver qu'entre Espagnols. C'était un principe d'intégration auquel ils n'ont jamais dérogé.

C'est en combinant tous ces éléments que je suis devenue française et passionnément républicaine. La République – dont chez moi on chérissait le nom – me paraît le cadre dans lequel tous ces fragments d'identité peuvent exister sans contradiction. Parce que nous ne formions qu'un seul peuple en réalité. Un peuple social d'abord. En effet, les immigrés qui arrivent en France sont avant tout des gens modestes qui embrassent les métiers les plus durs et les moins qualifiés. Mais aussi un peuple national au bout du compte, avec une carte d'identité obtenue pour ma part à l'âge de 14 ans. Un seul peuple donc, ce qui ne veut pas dire une seule origine, une seule expérience de la France ou même une seule identité. Aucun individu n'existe au singulier. C'est précisément la République qui permet à toutes les identités d'exister. Elle est un cadre au sein duquel celles-ci ne se restreignent pas, mais au contraire se multiplient.

Contre l'assignation identitaire

Contrairement à ce que j'entends dire à l'extrême droite et malheureusement aussi dans une partie de la gauche, la République n'est pas cet éteignoir des identités personnelles – qu'on l'appelle de ses vœux ou qu'on le déplore. La République est tout l'inverse : c'est une formidable multiplicatrice d'identités. Par le truchement de l'éducation et de la culture, elle forme des citoyens capables de passer – précisément parce qu'ils sont reconnus comme citoyens – d'une référence à l'autre, d'un rôle à l'autre et donc d'une identité à une autre.

Une bonne part de notre culture repose d'ailleurs sur la possibilité de changer de rôles ; pensons par exemple au théâtre de Marivaux : *Le Jeu de l'amour et du hasard* utilise ce procédé d'échange des rôles entre Silvia et Lisette, quand pour des affaires de badinage la maîtresse joue la servante et la servante joue à son tour sa maîtresse ; l'une se trouve très bien dans le rôle de l'autre et inversement. Par la suite, chacune reprend son statut, au fond, l'égalité paraît possible. Qu'est-ce que l'émancipation si ce n'est la possibilité de faire

La République quoi qu'il en coûte

son miel des productions diverses de l'humanité pour continuer à enrichir la culture et l'histoire de France ?
Cet enrichissement se produit à une condition, celle de grandir dans une certaine fierté de ses origines. C'est pour cela que j'évoque le parcours de mes parents, notre culture ouvrière ou notre histoire familiale sous Franco. Ce rappel me paraît crucial. Il est en effet difficile de demander aux enfants qui grandissent en France d'être attachés à ce pays s'ils ont en permanence le sentiment de n'être rien ou pas grand-chose, de venir de nulle part ou de posséder une histoire qui n'intéresse personne.
Pour ma part, mon père m'a toujours beaucoup parlé de nos origines, de l'histoire de la guerre civile espagnole. Mes grands-parents étaient à mes yeux des héros parce que leur histoire s'inscrivait aussi dans la grande Histoire. C'est pourquoi je suis attachée à ajouter au récit national des mémoires qui lui sont liées. Mais je refuse de déconstruire ou de déboulonner l'histoire de France. Rappelons-nous que Montaigne est l'un des premiers, au XVIe siècle, à critiquer l'esclavage et ce que l'on n'appelait pas encore la colonisation.
Telle est la France, alternant et juxtaposant le meilleur et le pire, mais capable surtout de forger les outils intellectuels et juridiques pour s'attaquer au pire ; c'est comme cela que je conçois l'universalisme des Lumières ou la Déclaration des droits de l'Homme.
Multiplier les identités ne consiste pas non plus à les reconnaître toutes dans le but de les figer, ce qui serait le piège inverse : ni uniformité, ni communauté. Encore une fois, nous ne sommes jamais univoques dans nos

Une femme française

appartenances. Je ne suis pas seulement d'origine espagnole, fille d'ouvrier, femme, brune, blanche, parisienne, mère, hétérosexuelle, etc. Être reconnue comme citoyenne, c'est la possibilité d'affirmer toutes mes identités sans qu'aucune d'elles prenne définitivement le pas sur les autres. À titre personnel comme sur le plan collectif, c'est l'image d'un kaléidoscope qui s'impose à moi pour penser cette situation. On en trouvait dans les fêtes foraines lorsque j'étais enfant, comme à la célèbre « Vogue des marrons » de Lyon, sur le plateau de la Croix-Rousse. De quoi s'agit-il ? D'un tube, plus ou moins gros, à travers lequel enfants et adultes venaient admirer comment des images et des taches colorées se réfléchissent à l'infini lorsqu'on les fait tourner au moyen d'une manivelle ; elles forment alors des images surprenantes et magnifiques.

Le kaléidoscope est le parfait symbole de la façon dont quelque chose de nouveau mais de cohérent se crée grâce au réagencement d'éléments au départ très divers. Le procédé est identique en ce qui concerne la France : c'est la richesse de ses tons et la variété de sa palette qui en fait l'unité. Mais à condition qu'elle demeure sans cesse en mouvement. Les défenseurs de l'identité éternelle de la France voudraient qu'on arrête sa course sur une image unique et bien nette. La France est toujours en mouvement. « Et pourtant elle tourne ! », pourrait-on dire comme Galilée.

Ainsi, l'identité est une donnée que la politique doit intégrer, avec une conséquence importante néanmoins : pour reprendre, cette fois-ci, le langage des révolutionnaires de 1789, on pourrait dire qu'aux identités, on peut « tout

La République quoi qu'il en coûte

accorder » quand elles se présentent comme culture, ou comme mémoire discriminée. En revanche, on doit les combattre lorsqu'elles se présentent comme un projet politique. Et donc, contrairement à ce qu'on entend, l'universalisme que je défends à part entière ici est la seule position véritablement nuancée. C'est la seule qui fasse droit à cette pluralité qui existe en moi comme dans l'autre et, ainsi, dans toute la société. Cependant, cela n'est possible qu'à une condition : qu'il existe un cadre partagé ; pas seulement notre commune humanité ou notre culture héritée, mais cette communauté politique intégratrice des différences qu'on appelle : la République.
   Ce point est essentiel car il n'a plus aujourd'hui la force de l'évidence. En effet, on ne peut pas réduire la France à une collection d'êtres humains sans traits distinctifs, qui pourraient vivre ici mais tout aussi bien s'épanouir ailleurs, selon les opportunités offertes par les conditions économiques. Mais, à l'opposé, la France ne se limite pas non plus à un simple fait de culture ou de civilisation millénaire, comme on l'entend beaucoup chez les conservateurs. Pour ceux-ci, l'identité de la France se résumerait à sa culture ; une identité culturelle qu'on recueillerait en héritage et qu'on perpétuerait à travers l'éducation de ses enfants – ce qui ferait porter en permanence un soupçon sur les étrangers.
   Non, l'identité de la France est différente de tout ça : on est français parce que l'on se reconnaît d'abord comme citoyen, c'est-à-dire comme faisant partie d'une communauté historique dont le cadre est la République et ses valeurs.

Une femme française

Je sais bien que l'histoire de France dépasse celle de la seule République. Mais l'histoire de notre construction nationale est avant tout celle de l'État. C'est lui qui a bâti la Nation. D'abord sur le plan militaire, juridique puis administratif et ensuite seulement – mais bien plus tard – au moyen de l'unification culturelle. Sous cette construction politique, la France est toujours restée un assemblage de « petites patries » régionales avec leurs traditions et leurs langues. Ce n'est qu'avec la victoire de l'État laïque sur l'Église catholique, la Grande Guerre de 14-18, puis l'industrialisation massive, donc relativement tard, que le français est devenu l'autre ciment de la Nation. Jusque-là, un Français, c'était d'abord un citoyen !

C'est à une telle communauté politique qu'à chaque nouveau venu – par la naissance ou l'arrivée en France – il est proposé d'adhérer. Ce qui fait que l'identité de chaque Français est d'abord celle d'un citoyen de la République française « indivisible, laïque, démocratique et sociale », comme le proclame la Constitution. Bien sûr, cette identité politique n'est pas sans lien avec notre culture personnelle et familiale, et pour certains les deux coïncident facilement. Pour d'autres, en revanche – et nous sommes nombreux dans ce cas –, identité et culture se recoupent mais ne se superposent pas. Ce qui me fait penser qu'en France, l'une ne peut jamais se résumer à l'autre.

Le français, ciment de l'intégration

Je ne voudrais pas pécher par angélisme. La France a changé depuis mon enfance lyonnaise. Elle est devenue

La République quoi qu'il en coûte

cette société multiculturelle, mondialisée dont le développement n'est pas sans poser question. À tel point que s'exprime chez de nombreux Français un trouble identitaire qui confine parfois à la panique et nourrit le vote d'extrême droite et le vote populiste.

À mes yeux, la gauche ne peut être que républicaine et populaire et doit s'adresser au plus grand nombre. Je n'ai pas d'autres boussoles quand je pense à la France. Et nous n'avons pas d'autres choix collectifs que de replanter l'idée républicaine dans le cœur de la gauche si nous voulons avoir de nouveau la chance de la voir fleurir au cœur de la République, là où elle a pris naissance. Tel est le cadre dans lequel s'inscrivent mes réflexions.

Au-delà de la gauche ce cadre vacille, je le sais bien. D'où l'importance de bien le définir tant domine aujourd'hui ce sentiment qu'il ne serait plus assez solide pour faire tenir ensemble tous les Français.

La question est bien celle de savoir ce qui fait notre unité.

En effet, chaque peuple a besoin d'un élément symbolique qui lui signifie son unité. L'Espagne ou la Grande-Bretagne, par exemple, ont la Couronne, les États-Unis nourrissent le mythe de la liberté ; nous, nous avons les valeurs universelles, celles qui reconnaissent le droit à l'intégrité de chaque être humain au-delà de la France. Et c'est unique au monde. Ces valeurs sont bien entendu nées de la Révolution française, héritées de notre longue histoire. Concrètement, cela signifie aussi que nous avons vocation à accueillir ceux qui fuient leur pays. Personne ne se déracine par plaisir, je

Une femme française

sais de quoi je parle. Fuir son pays de naissance est un acte douloureux, difficile et périlleux.

J'ai rappelé quelles avaient été les conditions de l'intégration de ma famille en France. J'aimerais évidemment que les nouveaux venus en bénéficient à leur tour, mais la situation s'est transformée : là où l'emploi était abondant et où le travail en usine imposait un certain mélange puisque tous les ouvriers travaillaient ensemble, arrivant et partant au même moment, cette unité a explosé dans le même temps où le chômage a explosé. Les emplois de service qui se développent sont isolés. C'est le cas des femmes de ménage ou des aides à domicile souvent d'origines étrangères.

De plus, le temps de travail s'est émietté comme dans les secteurs du gardiennage ou du nettoyage industriel, métiers là encore réservés aux étrangers. Enfin, le syndicalisme, qui jouait un grand rôle dans ces communautés de travail, peine désormais à toucher tous les travailleurs.

Aujourd'hui, à elle seule, l'école n'est pas de taille à s'imposer face à cette marche du monde ; il faut être plus volontariste pour intégrer toutes les populations, les catégories les plus modestes, ou celles issues de l'immigration. L'accompagnement des parents et l'alphabétisation des mamans doit être une priorité. Elle conditionne souvent l'accès à l'emploi, à l'autonomie et au suivi scolaire des enfants.

Si la République entend être à la hauteur des valeurs qu'elle professe et les défendre réellement, elle doit d'abord tenir compte de ces réalités.

La République quoi qu'il en coûte

Je crois fermement que l'on doit être ouvert à l'accueil des étrangers en France – ce qui est incontournable à l'heure de la globalisation par humanisme mais aussi pour conserver un poids économique – et être particulièrement déterminés sur les conditions de l'intégration. Là aussi, le cadre est essentiel. Le nombre d'heures de français que notre pays accorde aux demandeurs d'asile est ridiculement faible. Aucune intégration n'est possible à ce prix.

Le regroupement familial, principale source d'immigration en France, est un droit fondamental de la personne humaine, celui de vivre en famille. Et il ne doit être remis en cause sous aucun prétexte. Nous devons l'accompagner.

Aujourd'hui, on accumule dans certains quartiers des difficultés sociales auxquelles les communes déjà affaiblies par les politiques d'austérité ne peuvent faire face sans la solidarité nationale. Il s'agit d'être justes et surtout très explicites sur ce que doivent être les conditions dignes pour réussir l'intégration.

J'aimerais que l'ensemble de nos concitoyens puissent partager mon optimisme sur les capacités de la France à rester ce pays qui mélange et qui intègre. Pour cela, nous devons revenir à ce qui fait notre identité profonde : l'appartenance à une communauté bâtie sur des valeurs universelles qui se traduisent par des politiques publiques. Elles se traduisent aussi dans l'aide que les Français eux-mêmes peuvent apporter aux nouveaux venus. J'ai pu mesurer en 2015 la générosité impressionnante notamment des Parisiens quand nous avons accueilli des milliers de réfugiés, des familles, des

Une femme française

enfants qui n'avaient d'autre choix que de fuir la misère, le terrorisme, la guerre.

Les associations humanitaires ont joué un rôle essentiel dans cet accueil, que ce soit SOS Méditerranée, l'Armée du Salut, Emmaüs et tant d'autres. Ces grandes voix morales ainsi que toutes les autorités religieuses ont fait honneur à la tradition d'accueil et aux valeurs humanistes de notre pays.

Je reste persuadée que l'accès à la nationalité doit être facile pour ceux qui la demandent du moment qu'ils souhaitent s'établir en France et bien sûr acceptent ses lois.

L'expérience de la francophonie

Tout ceci n'est possible cependant que si la France ne s'imagine pas en citadelle assiégée. Notre pays a en effet une place à tenir, en Europe et dans le monde ; une place conforme à ses valeurs que je considère comme de véritables atouts dans la mondialisation. Nous présentons à la face du monde deux exceptions qui nous rendent singuliers dans le concert des nations : la francophonie et la laïcité.

Il est important de revenir à la langue tant elle me paraît essentielle aujourd'hui pour faire face aux défis qui sont les nôtres. J'ai souvent discuté de cette question avec l'écrivain franco-espagnol Jorge Semprún, qui a été l'un de mes modèles. Je l'ai rencontré pour la première fois en 1994 lors d'un Salon du livre à Paris : je faisais la queue avec son livre sous le bras, *L'Écriture*

La République quoi qu'il en coûte

ou la Vie, attendant une dédicace pour mon père. Je me retrouvai devant cet auteur, véritable incarnation de la double identité dans laquelle je vivais depuis l'enfance. À l'école, on me demandait souvent dans quelle langue je pensais. Mais il m'était difficile de répondre simplement : à table, avec mes parents nous parlions espagnol ; j'ai toujours parlé espagnol avec eux. Mais si je m'adressais à ma sœur, c'est en français que je le faisais. Je pensais dans la langue dans laquelle je m'exprimais.

Pourtant, ce n'est pas non plus comme s'il existait une langue de l'intérieur, l'espagnol, et une autre de l'extérieur, le français. Les deux ne s'opposent pas. C'est ce que m'a fait comprendre la rencontre avec Semprún que j'ai revu par la suite à de nombreuses reprises. Il me disait : « Tu as deux langues maternelles » ; comme c'est le cas d'un grand nombre de Français – nous sommes en effet plus de 25 % aujourd'hui à avoir une histoire familiale commencée hors de France. Par conséquent, les deux langues s'enrichissent. Et si le français structure ma pensée, il n'efface pas pour autant l'espagnol. C'est, je crois, le sens de la phrase de l'historien Marc Bloch lorsqu'il écrit – en 1940, dans un tout autre contexte il est vrai : « C'est un pauvre cœur que celui auquel il est interdit de renfermer plus d'une tendresse. »

C'est l'expérience de la francophonie. Je l'ai constaté en Afrique mais aussi aux États-Unis. Une rencontre de l'Association internationale des maires francophones (AIMF), que je préside, a eu lieu en Louisiane, à Lafayette, fin mars 2015. Au centre culturel Nunu's à Arnaudville, j'y ai rencontré la communauté

Une femme française

francophone. Des enfants ont récité des poèmes en français et un vieux monsieur m'a demandé s'il pouvait me « faire un bec », cette jolie expression que l'on trouve aussi au Québec pour dire « faire une bise », j'ai même chanté avec Zachary Richard « travailler, c'est trop dur, et voler, c'est pas beau ». Ce qui m'a surtout frappée, c'est que l'ensemble des personnes présentes à cette occasion – des Cajuns (ou Cadiens), mais aussi des Africains qui m'accompagnaient, comme le maire de Kinshasa, la plus grande ville francophone du monde – possèdent tous une autre langue, une langue que le français n'empêche pas d'exprimer. L'AIMF est un réseau regroupant plus de trois cents maires de tous les continents, avec la langue française comme territoire commun.

C'est tout le rôle de la diplomatie des villes. La francophonie est un « soft power », si on me pardonne cet anglicisme. Par la langue, elle véhicule de la culture, des valeurs, de l'amitié, une certaine façon de voir les choses et le monde. C'est un outil précieux que nous avons en partage avec de nombreux pays et qu'il faut entretenir et faire grandir encore. Nous en aurons besoin pour les Jeux olympiques et paralympiques où Paris accueillera le monde et le fera avec sa générosité, ses valeurs et sa singularité. Nous en aurons besoin en Afrique où la France et même l'Europe découvrent la concurrence que leur livrent la Chine et la Russie. Et pourtant l'Europe est le premier partenaire commercial de l'Afrique et son premier bailleur.

Tout devrait concourir à ce que l'Afrique, où une partie de l'avenir du monde se joue, devienne comme un

La République quoi qu'il en coûte

second reflexe pour les Européens, le partenaire international privilégié de l'Europe. En Amérique latine, avec l'*hispanidad*, l'expérience n'est pas tout à fait la même : il n'y a quasiment plus d'autres langues que l'espagnol ou le portugais. Les peuples autochtones continuent à se battre pour leur langue. Et si l'espagnol s'est développé comme le français à la faveur de la colonisation, il a totalement supplanté les autres langues présentes avant lui.

Ce que n'a pas fait le français : la francophonie est à l'image de la République, elle n'est pas éradicatrice mais multiplicatrice. C'est la force de notre langue de ne jamais effacer les autres, y compris nos langues dites régionales, comme le breton, le basque, le corse, l'occitan... Le français est donc l'un de nos atouts dans la mondialisation : c'est l'une des langues de cette mondialisation mais aussi l'une des conditions de la réussite de l'intégration en France. L'autre condition de l'intégration, et donc de notre unité, c'est la laïcité.

Génie de la laïcité

11 janvier 2015. Une marée humaine nous entoure, nous enveloppe et nous porte. Il y a des gens partout, du monde aux fenêtres et sur les balcons, sans compter les policiers sur les toits. Comme des millions de Français ce jour-là, je participe à la marche républicaine organisée après les attentats de *Charlie Hebdo*, de Montrouge et de l'Hyper Cacher porte de Vincennes. En tant que maire de Paris, j'ai été invitée par le président de la République François

Une femme française

Hollande à me joindre au cortège des chefs d'État et de gouvernement. Dans le bus qui nous amène vers la place de la République, l'émotion est forte. Nous commençons à marcher. Je me retrouve entre le Premier ministre britannique David Cameron et Jean-Claude Junker, président de la Commission européenne, puis à un moment à côté de Benjamin Netanyahou, le Premier ministre israélien. Il est impressionné par la foule ; il regarde à droite et à gauche, lève la tête vers le haut des immeubles d'où les Parisiens saluent le cortège. À un moment, il avise une pancarte accrochée à un balcon. On y a inscrit en lettres capitales le mot « Laïcité ». Et là, il se tourne vers moi et me demande : « Laïcité, qu'est-ce que c'est ? » Je lui réponds : « C'est ce pour quoi nous marchons ! »

Si certains chefs d'État étrangers pouvaient ignorer le sens profond de ce défilé, au-delà de la solidarité à la France attaquée, les Français, eux, ne s'y sont pas trompés. C'est bien la laïcité qui était en jeu derrière ces attentats, mais aussi l'universalité de nos valeurs républicaines.

Évidemment, parmi tous les politiques qui sont venus à Paris le 11 janvier, certains étaient assez éloignés de ces valeurs. Leur présence a toutefois reflété l'éclat de notre pays aux yeux du monde. Car, là encore, la laïcité n'est pas un trait culturel propre à la France, elle est un principe philosophique et politique valable également au-delà de nos frontières. Certes son histoire témoigne de la manière singulière dont la France a su traiter les liens du religieux et du politique. Pourtant, le 11 janvier, j'ai bien eu le sentiment, en regardant cette pancarte, que nous ne défendions pas la laïcité parce qu'elle était française, mais parce qu'elle

La République quoi qu'il en coûte

était plus grande que nous, universelle. C'est d'ailleurs ce qu'attendent de notre part les femmes, les lesbiennes et les homosexuels, les artistes, les libres-penseurs, les intellectuels et tous les militants de Turquie, d'Iran ou d'ailleurs ; tous ceux qu'un pouvoir religieux peut menacer.

Voilà ce à quoi je pensais en expliquant à Benjamin Netanyahou le sens d'un simple mot, écrit spontanément par une famille parisienne. La laïcité est la seule à rendre possible cet équilibre fragile et précieux, instauré par la République et mis en péril par les terroristes, entre les libertés individuelles et les règles de vie collective.

Mais que de débats ne suscite-t-elle pas depuis plus de cinq ans ! Sans doute parce qu'elle représente une valeur vivante, comme on évoque des langues vivantes et d'autres mortes. Certainement aussi parce qu'elle est attaquée de toute part. De fait, la question de la laïcité est à nouveau vivace et elle mérite d'être défendue et fermement expliquée à tous ceux qui la considèrent comme excluante. Elle ne l'est pourtant pas ; bien au contraire. Mais elle souffre du fait qu'elle ne détient plus la force de l'évidence pour beaucoup de nos concitoyens, et tout particulièrement pour les plus jeunes. Elle n'est plus cet air que l'on respire sans même y songer.

Assumons donc notre responsabilité envers la jeunesse : si une grande partie des jeunes ne comprend plus ce qu'est la laïcité, c'est que nous n'avons pas su la leur expliquer. Au point de la laisser se vider de sa substance.

La laïcité n'est pas seulement une manière de séparer les Églises de l'État, obligeant ce dernier à la plus stricte neutralité. C'est aussi un principe civique enraciné dans

Une femme française

la défense de la liberté de conscience. Celle-ci promet en effet à chaque citoyen que ni l'État, ni des groupes religieux, ni même d'autres citoyens ne peuvent le contraindre à quoi que ce soit : à ne pas croire, évidemment – ce qui fait que la laïcité ne signifie pas l'athéisme –, mais aussi à croire ou à se comporter comme un bon croyant. Ce qui fait que le blasphème ou l'apostasie n'existent pas chez nous et donc que la caricature ou la critique des religions y sont totalement libres. C'est pourquoi j'ai été, je suis et je reste toujours *Charlie* !

Mon compagnonnage avec ce journal ne date pas de janvier 2015. En réalité, il remonte à ma jeunesse. Adolescente, étudiante et même jeune adulte, je me suis construite avec cette presse libre et insolente qu'il s'agisse de *Charlie*, créé en 1970 pour remplacer *Hara-Kiri*, interdit à la suite d'un titre sur la mort du général de Gaulle, ou encore de *Fluide glacial* lancé à partir de 1975. Ce regard extrêmement critique vis-à-vis de la vie politique et de ses acteurs est pour moi une respiration essentielle de la vie démocratique, même quand je suis à mon tour la cible des caricaturistes – à défaut de savoir rire de soi, il faut au moins accepter que d'autres rient de vous ; c'est le prix de l'exposition publique.

Voilà pourquoi j'ai été aux côtés du journal dès le début des polémiques sur la publication des caricatures danoises. À cette époque, j'étais secrétaire nationale du Parti socialiste chargée de la culture et des médias. Alors que j'avais rédigé une déclaration qui soutenait les dessinateurs danois puis ceux de *Charlie Hebdo*, j'ai été confrontée à des réactions assez vives.

La République quoi qu'il en coûte

Certains, à gauche comme à droite, disaient déjà que l'on ne pouvait pas soutenir de telles caricatures et le disent encore ; je pense exactement l'inverse. D'autant que les menaces se multipliaient, le tout dans une atmosphère d'indifférence générale.

Dans la nuit du 1er au 2 novembre 2011, les locaux de *Charlie*, situés boulevard Davout, dans le 20e arrondissement, étaient ravagés par un incendie. Cet acte criminel donna lieu à une manifestation de soutien organisée sur le parvis de l'Hôtel de Ville à laquelle je me suis jointe aussitôt.

Quelques semaines plus tard, lors d'un forum à Lyon, organisé par le journal *Libération*, je me retrouvai dans le train du retour avec Charb, le rédacteur en chef. La discussion s'engage et il m'invite à participer à la réunion de bouclage qui a lieu le lundi suivant. Je m'y rends. Ma présence était l'occasion d'assurer à cette équipe le soutien de la Ville de Paris.

Les dessins de *Charlie Hebdo* ont éduqué mon regard lorsque j'étais jeune. Ils m'ont obligée à la tolérance et sans doute à la nuance tant leurs excès obligent à prendre du recul sur ce qui est réellement montré. Cette éducation à la liberté de penser, c'est aussi ce que cherchait à transmettre Samuel Paty, assassiné à son tour parce qu'il utilisait ces mêmes dessins. C'est pour toutes ces raisons que j'ai souhaité donner le nom de ce professeur d'histoire à un lieu de la capitale et que j'ai tenu à témoigner, en septembre 2020, au procès des attentats de janvier 2015.

Je suis née en Espagne et j'ai vu, là-bas, le poids qu'une religion pouvait exercer sur la société. La possibilité de se moquer de toutes nos croyances est pour moi,

Une femme française

au contraire, une véritable bouffée d'air frais qui relève de l'exercice artistique, intellectuel, démocratique mais aussi laïque.

La caricature est un exercice laïque parce que la laïcité ne rejette pas la religion ou les croyances, mais seulement leur volonté d'emprise politique.

Affirmer que la République est laïque est une déclaration de bonne entente entre les croyances, mais attentive aux conditions de cette cohabitation. L'État est donc bel et bien neutre, mais pas neutralisé. En effet, si la République ne reconnaît aucun culte, elle n'en ignore aucun pour autant ; elle entretient donc des relations avec chacun d'entre eux. Par ailleurs, l'État est également là pour faire respecter l'esprit laïque, c'est-à-dire assurer aux citoyens, croyants ou non, une liberté totale et à la société la paix civile.

Par conséquent, comme le disait Aristide Briand, « La loi doit protéger la foi aussi longtemps que la foi ne prétend pas dire la loi » – qu'il s'agisse de la loi votée, mais surtout aujourd'hui de la loi de la rue ou de celle des quartiers. En cela, la laïcité se conforme à la devise républicaine : *Liberté, Égalité, Fraternité.* De fait, la *liberté* de conscience qui est garantie à chacun vient se conjuguer avec *l'égalité* de traitement des convictions de tous les autres ; et cela, dans le respect de l'intérêt général permettant ainsi d'unir *fraternellement* des personnes de toutes origines et de toutes croyances. Tel est le génie de la laïcité.

La laïcité est un principe exigeant mais émancipateur. Il fonde en effet des libertés essentielles que l'on retrouve aux prémices de la philosophie des Lumières et dans toute l'œuvre de l'école républicaine. Plus de deux cent

La République quoi qu'il en coûte

trente ans après la Révolution, qui a affranchi la loi civile de la loi religieuse, un citoyen n'est réellement libre que lorsqu'il est en mesure de choisir quelles sont ses convictions spirituelles et donc de définir, sans le secours d'aucune tutelle ou la férule d'aucun pouvoir, son mode d'accomplissement personnel afin de construire et d'affirmer librement son identité. Voilà ma conception de la laïcité, véritablement libératrice de tous les individus. Ce qui fait de l'universalisme républicain, répétons-le, le seul cadre dans lequel sont prises en considération toutes les singularités individuelles.

C'est précisément pour cela que je ne supporte pas qu'elle soit dévoyée pour en faire systématiquement un outil de stigmatisation de nos concitoyens de confession musulmane. Il s'agit alors d'une laïcité usurpée par l'extrême droite.

Je n'ai jamais fait preuve d'ambiguïté dans ce combat. J'ai toujours répondu présente lorsque les valeurs républicaines ont été attaquées. Comme durant la terrible année 2015 où notre pays a été confronté à la terreur islamiste.

Je voudrais y consacrer à présent quelques lignes.

Quand la République doute

« Imminence de l'assaut »... Dans le poste de commandement où je me trouve, la phrase grésille sur la radio de la police judiciaire. Le silence se fait aussitôt, laissant place à la tension et à la peur qui ne me quitte pas. Toutes les personnes présentes sur ce bout de trottoir parisien

Une femme française

retiennent leur souffle ; le théâtre des opérations n'est qu'à quelques mètres, l'attaque va débuter... « Imminence de l'assaut », cette phrase nette et sèche, je l'ai entendue, en réalité, à deux reprises en 2015. Devant l'Hyper Cacher, le 9 janvier, quelques secondes avant que les hommes du Raid n'interviennent, puis dans la nuit du 13 novembre lorsque la colonne d'assaut de la BRI progressait à l'intérieur du Bataclan. À chaque fois, les forces de l'ordre se sont mises en danger pour neutraliser les terroristes afin de libérer leurs otages sains et saufs. À chaque fois, ils y sont parvenus. La police et la gendarmerie sont l'honneur et la force de la République.

Comme pour beaucoup de Français, cette année 2015 est à jamais gravée dans ma mémoire, tant l'histoire collective est venue rencontrer ma trajectoire personnelle et l'a violemment bousculée. Dans mon esprit, à Paris, cette année forme un tout : janvier et novembre sont intimement mêlés.

Ce matin du 7 janvier, je présentais mes vœux aux conseillers de Paris et à l'ensemble des élus. C'était ma première cérémonie de cette nature en tant que maire. En effet, j'avais été élue l'année précédente, en mars 2014. Je prononce alors mon discours dans une salle des fêtes bondée, quand mon directeur de cabinet m'informe qu'une fusillade a eu lieu dans les locaux de *Charlie Hebdo*. Immédiatement, je décide de me rendre sur place. Le procureur François Molins est déjà là ; je le vois sortir de l'immeuble, il est livide. Tout comme l'urgentiste Patrick Pelloux, un ami et l'un des membres du journal ; il a vu les corps et ne cesse de répéter,

La République quoi qu'il en coûte

incrédule, en état de choc, « Charb est mort ! », s'effondrant alors dans les bras de François Hollande. Les rescapés de la fusillade sont ensuite transférés à proximité, au théâtre de la Bastille. Les familles des victimes s'y rendent également. Je vois alors arriver Véronique Cabu. Elle ne sait encore rien mais interroge des yeux, muette et perdue. Le professeur Carli, médecin chef du Samu de Paris, s'approche d'elle et hoche simplement la tête d'un air désolé ; elle a compris... La scène est intense, insoutenable même, comme le seront beaucoup de celles que je vais vivre avec mon équipe au cours de ces quatre jours interminables. Durant toutes ces heures, nous improvisons mais sans jamais perdre de vue que tous nos moyens doivent être mobilisés afin de faciliter le travail des uns et des autres.

Ce jour-là, je suis restée longtemps sur place pour soutenir les victimes. Mais rien n'était encore terminé. Le lendemain matin, j'apprends l'assassinat de la policière municipale Clarissa Jean-Philippe et j'appelle immédiatement le maire de Montrouge avec l'intuition que ces événements sont liés et la certitude que le rôle d'un maire est essentiel dans ces moments-là. Le soir, je retrouve Bernard Cazeneuve et le préfet Bernard Boucault au commissariat du 11e arrondissement pour rendre hommage au policier Ahmed Merabet, abattu la veille par les terroristes boulevard Richard-Lenoir. À cette occasion, je rencontre un jeune gardien de la paix que je retrouverai le soir du 13 novembre à proximité du Bataclan. Les fonctionnaires de ce commissariat

Une femme française

sont admirables. Pour eux aussi, l'année 2015 a été une immense épreuve.

Dans la foulée, je décide avec l'ensemble des groupes politiques d'organiser un Conseil de Paris exceptionnel, le 9 janvier, afin d'accorder « la citoyenneté d'honneur » à *Charlie Hebdo*. En plein Conseil, le préfet de Paris qui est à mes côtés m'alerte sur ce qui est en train de se passer à l'imprimerie de Dammartin-en-Goële où se sont retranchés les frères Kouachi. Avant de m'apprendre quelques heures plus tard qu'une prise d'otages est en cours à l'Hyper Cacher. Je m'y rends aussitôt. De ma voiture j'appelle Bernard Cazeneuve qui me dit avec ce mélange d'émotion et de sobriété due à sa fonction : « Ça recommence, le cauchemar recommence. »

Sur place, les forces du Raid sont déployées ; je me rends au poste de commandement. À peine entrée, je demande : « De quoi avez-vous besoin ? » Réponse : « Des plans du bâtiment. » L'immeuble appartient à la Ville de Paris, je les récupère rapidement et les transmets aux forces de l'ordre. Parallèlement, nous organisons le confinement, des crèches, des écoles, des collèges et lycées. Ils sont nombreux à proximité. Mon rôle, c'est aussi d'accueillir et de soutenir les familles des otages. Et notamment le mari d'une fonctionnaire de la Ville, retenue dans le magasin, puis Lassana Bathily, cet employé aujourd'hui fonctionnaire de la Ville de Paris qui a sauvé la vie de nombreuses personnes.

Nous n'avons aucun doute sur le caractère antisémite de l'attentat ; après le calvaire d'Ilan Halimi en 2006, le meurtre de l'école Ozar Hatorah, à Toulouse en 2012,

La République quoi qu'il en coûte

une nouvelle fois des Français sont attaqués parce qu'ils sont juifs. L'antisémitisme a toujours représenté à mes yeux l'un des repères de la santé morale et démocratique de notre pays.

L'assaut est imminent, aussi bien à Dammartin qu'à Paris – les deux opérations étant coordonnées. Mais la présence des caméras d'une chaîne d'information retarde l'attaque. Je prends alors mon téléphone et appelle la chaîne. Je ne me mets pas souvent en colère, ce qui me rend particulièrement convaincante lorsque j'explose : elle accepte de retirer ses caméras. C'est alors que j'entends pour la première fois cette voix qui grésille : « Imminence de l'assaut »...

Les attentats et l'émotion populaire qui s'est ensuivie, le 11 janvier, ont opéré comme une prise de conscience collective. Cela pouvait arriver, cela était arrivé et cette violence islamiste pouvait encore nous frapper. Il fallait alors collecter la mémoire de ces jours tragiques et en tirer les leçons. Ainsi, dès le mois de février, je fus invitée par le président Barack Obama à une conférence sur le terrorisme, à la Maison Blanche ; on me demandait d'expliquer le rôle d'une maire dans un tel moment. L'effort de retour sur cette expérience douloureuse m'a permis, je crois, d'affronter avec plus de lucidité et d'utilité le rendez-vous macabre que les terroristes avaient donné à Paris le 13 novembre 2015.

Ce soir-là, tout commence par un appel de mon directeur de cabinet puis du maire du 10ᵉ arrondissement ; peu à peu, ça n'arrête plus de sonner : des explosions

Une femme française

au stade de France, des fusillades en plein Paris puis le massacre et la prise d'otages au Bataclan...

Je me rends d'abord rue Oberkampf à deux pas de la salle de spectacle, devant le café où sont accueillis les premiers rescapés qui ont réussi à s'enfuir. Mon obsession dans ces instants est d'être utile et de faciliter le travail de la police et de la justice comme l'information des Parisiens. Il faut tout à la fois démentir les rumeurs qui circulent sur une fusillade à Châtelet-Les Halles, organiser le regroupement des victimes à la mairie du 11e arrondissement, demander à la RATP de mettre des bus à notre disposition pour y convoyer les rescapés, appeler les taxis parisiens à se tenir prêts pour accompagner chez eux les témoins et survivants... Je mets tout cela en place depuis le poste de commandement et avec la cellule de crise de l'Hôtel de Ville.

Et c'est là que je serai à nouveau saisie par la phrase fatidique : « Imminence de l'assaut ». Nous sommes groupés autour de la radio que tient entre ses mains François Molins, le procureur de la République. C'est un moment clé où tout peut encore basculer. Une minute et six secondes d'angoisse, ponctuées de coups de feu et d'explosions. Avant d'entendre enfin : « Assaut terminé, terroristes neutralisés, aucun otage n'a été blessé. » En revanche, les pompiers et le Samu compteront au total 130 morts et 413 blessés au cours de cette soirée.

De cette année terrible, je ne suis pas sortie indemne. Aucun d'entre nous ne peut affirmer que la violence avec laquelle notre pays a été attaqué n'a pas laissé des traces au plus profond de son être. Mais comme responsable

La République quoi qu'il en coûte

politique, j'en retire une expérience individuelle et collective que je ne cesse de méditer et qui me sert depuis, lors de chaque crise. La première leçon concerne la gestion de ce genre d'événement exceptionnel. Pouvoir y faire face suppose que tous les acteurs – les forces de l'ordre, les secours d'urgence, les élus locaux et le gouvernement – agissent d'un même mouvement, chacun à sa place, dans sa fonction et sa responsabilité. Quel devait être mon rôle de maire dans de telles circonstances, sachant qu'il n'y avait pas eu d'attentats à Paris depuis 1995 ? Je l'ai dit, j'ai cherché à être utile à ceux qui intervenaient comme à ceux qui observaient, effrayés. Cela a été également le cas lors de l'incendie de Notre-Dame.

Autre enseignement qui regarde la fonction politique elle-même : que dire alors même que l'action bat son plein ? Avec sa succession de rebondissements et de décisions à prendre, l'urgence empêche la réflexion. C'est pour cela qu'il faut se tenir prêt et anticiper comme savent le faire les forces de l'ordre, les pompiers, les professionnels de santé et les hôpitaux mais aussi les maires. Toutefois, l'urgence n'abolit pas la parole ; elle la rend au contraire indispensable. Trouver les mots justes pour dire ce qu'il se passe et rassurer les citoyens a été l'un de mes premiers devoirs d'élue. Cette exigence d'écoute et de respect continue toujours de me guider car la parole vient apaiser ou au contraire fracturer : le pouvoir des mots est infini.

Sur le terrain, cela peut parfois prendre la forme d'une simple attention comme la question que j'ai posée à un jeune homme qui sortait du Bataclan, hagard et perdu : « Est-ce que ça va ? » lui ai-je demandé en le regardant

Une femme française

avec soin. Il m'a avoué quelques années plus tard, lorsque je l'ai revu, que cette interrogation l'avait comme ramené à la vie et lui avait permis de sortir de sa torpeur. Des mots humains et simples, de personne à personne...
 Trouver les mots justes, cela passe aussi par les discours, c'est l'une des fonctions de la politique, celle d'exprimer par des paroles les émotions collectives. Ainsi, dès le 18 novembre, quelques jours après ces attaques, je devais m'exprimer devant l'assemblée des maires de France, réunis pour le congrès et que François Baroin, notre président, avait souhaité maintenir coûte que coûte. J'ai alors tenté d'exprimer, au nom des Parisiens, mais plus largement des Français eux-mêmes, ce que nous avions collectivement ressenti ce soir-là. Ces attentats visaient la jeunesse et, à travers elle, ce qu'il y a sans doute de plus fort à Paris, l'esprit de liberté. Celui-ci avait certes tangué, mais n'avait pas sombré, fidèle à la devise de Paris : « *Fluctuat nec mergitur* ». « Nous restons debout, expliquai-je, et nous resterons nous-mêmes. Nous continuerons à assumer à la face du monde notre identité collective. »
 J'en étais d'autant plus convaincue que j'avais vu la ville réagir dans les deux jours qui ont suivi le 13-Novembre. Le lendemain, toute la journée, je m'étais déplacée dans les hôpitaux d'un Paris meurtri, sidéré et vide. J'avais l'impression que des millions de particules grises avaient recouvert la ville. Et l'on pouvait légitimement se demander si la vie allait vraiment reprendre... Mais dès le dimanche, le soleil était de nouveau avec nous. Il faisait particulièrement beau ce jour-là et tout le monde était spontanément descendu dans les rues.

La République quoi qu'il en coûte

Il ne s'agissait pas d'un défilé, organisé et politique, comme celui du 11 janvier, mais d'un recueillement silencieux, permettant à chacun, en famille avec les enfants ou entre amis, de prendre d'assaut les terrasses comme un acte résistant. Les accolades et les mains serrées le disputaient aux larmes, les fleurs se mêlaient aux bougies ; j'avais sous les yeux les Parisiens dignes et debout. Inspirée par cette foule et tout ce qu'ils me disaient depuis ce vendredi macabre, je pouvais alors déclarer aux maires de France : « Nos ennemis [...], nous ne leur ferons pas l'honneur de la peur, mais ils nous trouveront sur nos gardes. Nous ne leur ferons pas non plus l'honneur de la colère, mais ils nous trouveront implacables. Nous ne leur ferons pas l'honneur de douter, mais ils nous trouveront attachés à ce dialogue démocratique qu'ils détestent. »

De fait, depuis 2015, jamais les Français ne se sont laissé submerger par une haine ou une détestation quelconque à l'égard de quiconque. Certes, des actes d'agression ou de défiance ont été commis – qui ont été punis et qui doivent l'être immanquablement lorsqu'ils se manifestent –, mais l'objectif des terroristes était de monter les Français les uns contre les autres ; là aussi, ils ont échoué.

Les Parisiens, et tous ceux qui s'étaient spontanément joints à eux ce jour-là, nous ont également administré une autre leçon que je n'ai pas oubliée.

Le surgissement de la mort, qu'il s'agisse d'une fin de vie, d'un accident ou de terrorisme, comme en 2015, impose à tous ceux qui restent ou survivent des rituels convoquant la mémoire mais permettant aussi de

Une femme française

donner un sens à l'événement afin de continuer à vivre. Je m'étais entretenue de cette dimension avec Françoise Rudetzki, la présidente de SOS Attentats. Elle m'avait confirmé qu'il fallait pendant longtemps accompagner les victimes et leurs familles dans leur vie quotidienne et être à leurs côtés, en soutien. Dans le cas du 13-Novembre, les victimes étaient bien identifiées mais c'est aussi tout un peuple et une ville qui avaient été atteints. C'est pourquoi nous avons récupéré, photographié et numérisé tous les témoignages, les mots, les lettres posées sur les différents lieux des attentats.

Nous avons aussi apposé des plaques, bâti des stèles, procédé à des cérémonies et reçu longuement tous ceux qui nous le demandaient. Je crois à cette puissance réparatrice de la Ville dans la durée, aux côtés des familles des victimes, des rescapés et des impliqués. Être présent dans la durée aux côtés des associations remarquables que sont Life for Paris et 13onze15 qui portent la mémoire des morts et les droits des survivants. C'est son rôle. Mais j'ai voulu aller encore plus loin et apporter aussi une réponse politique à différents niveaux.

Depuis janvier 2015, plusieurs détails de cette histoire me hantaient : les frères Kouachi étaient passés par l'aide sociale à l'enfance parisienne, l'un avait même été en stage à la Ville de Paris ; quant aux terroristes du Bataclan, l'un d'entre eux avait été chauffeur de bus à la RATP durant quelque temps. Ainsi, toutes les institutions avaient été présentes tout au long de l'enfance et de l'éducation de ces criminels. Que s'était-il passé ensuite ? Comment peut-on vouloir tuer ceux qui sont là pour vous aider ? Les éducateurs de rue ont de leur côté expliqué avoir vu venir une partie de la radicalisation : comment pouvait-on éviter que, dans certains quartiers, les terroristes ne deviennent des héros aux dépens des policiers et des victimes ?

À toutes ces questions, l'État commençait à apporter ses propres réponses ; je devais proposer aussi les miennes, au niveau qui était le mien, celui d'une élue locale.

Des réponses sociales, éducatives, des réponses démocratiques. Plus tard, forte de cette expérience, j'ai commencé à imaginer les contours d'une police municipale parisienne : proches des habitants, au niveau de leur quartier, les policiers municipaux doivent permettre à la police nationale de libérer des forces pour les engager ailleurs, contre le banditisme et le terrorisme. J'en ai fait un engagement avant même la campagne de 2020 et, après quelques années de batailles pour faire bouger la loi, la police municipale parisienne a enfin vu le jour en juin dernier.

Toutefois, ces réponses ne devaient pas être uniquement sécuritaires mais tout autant civiques et d'ordre symbolique. J'ai donc pressé le pas sur deux dossiers emblématiques de notre possibilité de vivre en commun et de vivre mieux : en premier lieu les Jeux olympiques et paralympiques. En effet, je souhaitais proposer, à travers le sport et la candidature de Paris aux JO 2024, un projet qui nous tienne ensemble et nous rende fiers ; je tenais également à ce que les Jeux aient un fort impact en Seine-Saint-Denis, département le plus jeune et le plus cosmopolite de France.

Une femme française

C'est pourquoi, le 13 septembre 2017, j'ai ressenti avec bonheur l'annonce officielle, par la session du CIO réunie à Lima, que Paris avait obtenu l'organisation des Jeux olympiques et paralympiques de 2024, cent ans après les avoir eus pour la dernière fois. De son côté, Los Angeles obtenait les Olympiades de 2028.

L'accord que j'avais passé pour l'occasion avec Eric Garcetti, le maire de Los Angeles, éteignait toute concurrence entre nos deux villes et permettait, au contraire, une véritable coopération. Je pouvais donc annoncer que j'étais « très fière, très émue de ramener les Jeux à Paris », précisant ma conception de l'événement : « Au cœur de ces Jeux, nous placerons la jeunesse qui est notre présent, notre espoir et notre fierté. »

Par ailleurs, j'ai pesé de tout mon poids pour que la COP21 ait bien lieu, le mois suivant les attentats, à Paris en décembre 2015. Et que la ville, malgré ses meurtrissures, devienne l'une des métropoles leaders en matière de lutte contre le réchauffement climatique. C'est dans cet esprit que j'ai accepté, fin 2016, de prendre la présidence du C40. Cette organisation vise à fédérer les initiatives des cent plus grandes villes dans le monde afin de maintenir le réchauffement climatique mondial sous l'objectif de 1,5 °C fixé par l'accord de Paris et de faire reconnaître la situation d'urgence climatique. C'est d'ailleurs le maire de Los Angeles, Eric Garcetti, qui m'a succédé en 2019.

En réalité, c'est Michael Bloomberg, l'ancien maire de New York et président de cette organisation entre 2010 et 2013, qui m'a incitée à postuler à la présidence

La République quoi qu'il en coûte

du C40 très peu de temps après la soirée meurtrière du 13-Novembre et en lien étroit avec elle. J'étais en contact avec lui depuis 2006 lorsque Paris avait adhéré à cette organisation et il m'avait reçue à New York en 2013 pour m'encourager lors de la campagne municipale. Deux ans plus tard, en prévision de la COP21, il était à Paris, comme représentant de l'ONU.

C'était très exactement le... 13 novembre, peu avant que les terroristes ne commencent à attaquer le Stade de France.

« C'est ce soir-là que j'ai vu qu'il fallait qu'elle soit présidente du C40 », a-t-il expliqué par la suite. Venant d'un homme qui avait porté la reconstruction et le réveil de New York après les attentats du World Trade Center, le 11 septembre 2001, cette proposition m'honorait. Il s'était sans doute remémoré la somme d'énergie qu'il faut à un maire d'une ville, attaquée de la sorte, pour l'aider à se remettre debout. Il savait aussi que pour se reconstruire Paris devait se doter d'un grand projet fédérateur. J'ai donc pris la tête de cette organisation internationale des maires, organisation puissante et engagée sur le changement climatique.

Dans ce domaine, le soutien de Michael Bloomberg ne m'a jamais fait défaut. Après le retrait des États-Unis de l'accord de Paris le 1er juin 2017, Michael Bloomberg a assuré la place des villes américaines dans l'accord de Paris. En tant que présidente du C40, avec mes collègues nous avons appuyé toutes les initiatives de résistance aux délires climatosceptiques de Donald Trump.

Une femme française

La France aurait pu garder le leadership international sur le climat. Malheureusement les pas de deux avec Donald Trump ou encore le peu de volontarisme du gouvernement, la démission de Nicolas Hulot ont affaibli notre position. Aujourd'hui, après l'arrivée de Joe Biden à la tête des États-Unis, le leadership reste à conquérir. Nous y reviendrons.

Mes mandats ont tous été contemporains de ce que Marc Hecker a appelé dans son dernier ouvrage la « guerre de vingt ans[1] ». La guerre contre le terrorisme et ses évolutions qui aura façonné notre époque mais qui ne la résume pas. Une guerre que nous n'avons pas perdue, mais que nous n'avons pas encore gagnée. Une guerre qui a frappé Paris en son cœur. Dans les circonstances tragiques des attentats de janvier et de novembre 2015, j'ai rencontré des victimes et leurs familles, je me suis tenue aux côtés des forces de l'ordre et des militaires et j'ai compris que les conflits peuvent s'affranchir des frontières et que même Paris peut devenir un théâtre d'opérations. Il n'allait pas de soi que des militaires puissent patrouiller dans la capitale. Mais très vite, j'ai mesuré le sens de l'adaptation, l'efficacité, le sang-froid et la maîtrise de nos soldats engagés dans l'opération Sentinelle qui ont apporté un sentiment de protection que j'ai moi-même partagé avec les Parisiens.

J'ai compris alors que la protection du territoire assurée par les Armées n'était pas un vain mot. Je n'ignore

---

1. Marc Hecker et Élie Tenenbaum, *La Guerre de vingt ans. Djihadisme et contre-terrorisme au XXIe siècle*, Robert Laffont, 2021.

La République quoi qu'il en coûte

pas le coût et l'ampleur d'un tel dispositif mobilisant plus de sept mille hommes en permanence sur le territoire national qu'il faudra sans doute faire évoluer, sans pour autant négliger que leur présence quotidienne contribue au maintien du lien Armée-Nation.

Comme adjointe au maire puis maire de Paris, mes relations avec les forces armées auront été durant les vingt dernières années fréquentes, confiantes et indispensables. J'aurai accompagné le déménagement du ministère de la Défense à Balard, travaillé presque quotidiennement avec la brigade des sapeurs-pompiers de Paris (BSPP) dont je n'oublie pas qu'elle est une unité militaire et dont j'apprécie le courage, le dévouement et la redoutable efficacité. J'aurai assisté à chacun des hommages rendus aux militaires morts pour la France ou aux sapeurs-pompiers morts au feu. J'aurai accueilli le dispositif Sentinelle qui constitue un moyen indispensable pour la sécurité des Parisiens. Je me serai rendue plusieurs fois à bord du porte-avions *Le Charles-de-Gaulle* dont la Ville de Paris est fière d'être la marraine. J'aurai traversé, aux côtés du général Bruno Le Ray, la vague terroriste de janvier et de novembre 2015. J'ai vécu l'incendie de Notre-Dame aux côtés du général Gallet que je connais de longue date et dont les qualités de courage, d'autorité et d'intelligence des hommes et des situations auront été décisives ce soir-là.

Dans les moments de crise, j'ai mesuré la complémentarité du politique et du militaire, la nécessité d'un dialogue permanent et sincère dans le respect du rôle de chacun. Il appartient au politique de définir l'objectif poursuivi, l'effet attendu, le résultat escompté. Le militaire est lui l'homme du possible. Il apporte son expertise, la connaissance de ses hommes et de ses moyens, le sang-froid et le recul qu'autorise une longue pratique des situations d'urgence. Que le militaire introduise des considérations politiques dans son idée de manœuvre ou que le politique se substitue au militaire dans la conduite des opérations et c'est l'échec assuré.

La France, présente sur tous les continents du monde, dispose d'incroyables atouts pour peser dans le monde de demain. C'est vrai autour des pôles, dans la zone Caraïbes, en Afrique et dans la zone indopacifique. Elle le fait en prônant le respect des règles de droit, le dialogue et le multilatéralisme. Son outil de défense doit servir à préserver partout où elle le peut la stabilité et la paix.

Cette année-là, la République a vacillé, elle a douté, mais elle n'a pas mis genou à terre. Elle s'est au contraire révélée unie et forte. À la force des armes engagées pour neutraliser les terroristes a répondu la force du lien qui unit les Français. La citoyenneté et l'intégration ne peuvent pas se contenter de mots, elles consistent avant tout en des politiques publiques concrètes concernant l'école, le travail, le logement, la santé. Et s'il faut bien sûr être ferme à chaque fois que la défense des principes de la République nous l'ordonne, cette dernière nous demande aussi la même exigence pour en respecter la promesse.

Les mots ont un sens qui nous engage : « La France est une République indivisible, laïque, démocratique et sociale », proclame l'article premier de la Constitution. Il est donc l'heure de tenir la promesse républicaine par l'action.

3

Tenir la promesse républicaine

Je parle de la République, mais c'est bien la France qui l'éclaire et lui permet d'étendre son ombre portée au-delà d'elle-même. Dans mon esprit, les deux se sont longtemps confondues tant mon père portait en lui un idéal républicain, comme tous les républicains espagnols, qui, à ses yeux, ne pouvait s'épanouir qu'en France. C'est une des raisons qui l'ont poussé à fuir l'Espagne franquiste. C'est donc en France que j'ai chéri la République et c'est à travers la République que j'ai étanché une véritable soif de la France.

Ma géographie du labeur

Cette « soif de France », je l'ai d'abord éprouvée en tant que fille d'immigrés : je nourrissais en effet quelques réticences à me réclamer uniquement de mon pays natal qui pouvait se révéler en même temps menaçant pour ma famille et dans lequel il nous était impossible de vivre. Mes parents ont d'ailleurs été sans ambiguïté à ce sujet, notre avenir était ici. C'est pourquoi, comme je l'ai déjà raconté, j'ai obtenu la nationalité française dès l'âge de 14 ans avec une immense fierté. Au-delà de ce

Une femme française

que je pouvais apprendre à l'école, la France avait, en ce temps-là, la couleur des trajets vers le sud, en voiture ou en train. Je la traversais pour retrouver l'Espagne, d'autres membres de ma famille avaient immigré dans d'autres pays européens. Avec la maturité, cette « soif de France » a pris un autre visage. Ma géographie personnelle est devenue plus familiale au gré des loisirs de mes enfants et des vacances. Comme cela est le cas chez beaucoup de Français qui découvrent leur pays surtout l'été.

Je n'ai pas besoin de rêver sur des cartes pour ressentir la réalité de notre territoire. Son relief et ses paysages, j'en ai fait directement l'expérience, sac au dos, à travers de nombreuses randonnées à vélo ou à pied dans les Pyrénées, les Alpes ou les Causses. J'ai toujours apprécié, par exemple, le GR34 qui, de l'embouchure de la Rance jusqu'à Lannion, suit le sentier des douaniers le long des Côtes-d'Armor. Toutefois, si ma carte de France s'éprouve d'abord dans les muscles et s'emporte à la semelle de mes souliers, une autre géographie, très personnelle, m'habite tout particulièrement. Celle du labeur. C'est la géographie des usines, des entreprises, des PME, celle aussi des ateliers d'artisans dans les centres-villes en passant par ces usines souvent désaffectées que l'on fait renaître autour de nouvelles activités. Car ma « soif de France », je l'ai aussi rassasiée comme inspectrice du travail lorsque je suis entrée dans la vie active – dans le département de la Loire pour commencer puis, plus tard, en région parisienne.

Tenir la promesse républicaine

Nous étions au tout début des années 1980 et les entreprises que je devais contrôler possédaient encore, pour la plupart, une histoire liée aux lieux où ils s'étaient implantés. C'était aussi l'époque où l'équipe de foot des Verts, portée par tout un peuple d'ouvriers et de mineurs, faisait rêver la nation entière en Championnat de France et en Coupe d'Europe. La région subissait déjà la désindustrialisation massive et malheureusement les usines sidérurgiques, ou textiles, de Roanne et Saint-Étienne, mouraient les unes après les autres comme Manufrance ou les ARCT. Les ouvriers y subissaient des conditions de travail souvent inhumaines venues tout droit du XIXe siècle. Je me souviens de ces ouvrières qui, au nom de leur sécurité, étaient attachées à leurs machines et aux laminoirs pour éviter que leurs mains ne soient coupées par les presses. Je me souviens des ateliers en terre battue, de l'huile de coupe blanche qui se déversait des machines, d'énormes presses Singer, coulant en rigole sur le sol en terre noire.

C'était la même chose dans les mines de charbon encore en activité à cette époque entre Firminy et Rives de Giers, le bassin houiller de la Loire. J'y suis descendue – rare privilège accordé aux femmes – lors de mon stage d'inspectrice du travail. J'ai alors vu les jeunes mineurs, quasiment tous d'origine marocaine, arroser régulièrement d'eau les galeries qu'ils avaient creusées tant celles-ci étaient saturées de poussières de charbon qu'ils inhalaient inévitablement au prix de leur santé. Ils avaient tous commencé à descendre à « fond de fouille » à 18 ans à peine.

Une femme française

Aujourd'hui, lorsque je me déplace quelque part en France, j'ai toujours à cœur de visiter des entreprises et si possible des usines. Je m'y sens toujours en terrain connu. Il est vrai que l'odeur très singulière des usines métallurgiques et de l'huile de coupe m'a particulièrement marquée ; à chacun ses madeleines de Proust... Sans doute est-ce dû aussi à mon histoire personnelle dans laquelle le travail occupe une place fondatrice. Mon père, mes oncles, les amis de la famille, tous étaient ouvriers sur des chantiers du bâtiment comme électriciens, manœuvres ou plombiers. Et il n'est pas innocent que, durant l'enfance, mon terrain de jeu favori ait été une usine située dans le quartier populaire de Vaise où vivait ma meilleure amie dont le père était le gardien des lieux : à peine les ouvriers partis, nous investissions les ateliers jouant à Tarzan en nous accrochant au porte-charge sans conscience du danger.

Ceci explique comme une évidence mon intérêt pour le sujet et certainement mon choix professionnel de devenir inspectrice du travail ainsi que mes engagements syndicaux puis politiques ultérieurs.

La gauche a été et reste pour moi le camp du travail et de ceux qui l'exercent.

De fait, le travail tenait une place centrale dans la vie de ma famille comme elle est généralement centrale dans celle des milieux populaires. Cette centralité n'est pas seulement celle du temps qu'on doit à son travail. En effet, en un siècle et demi, la durée consacrée, au cours d'une journée, au labeur rémunéré a été quasiment divisée par deux. Pourtant, celui-ci obsède toujours autant les consciences de nos concitoyens. C'est qu'il possède

Tenir la promesse républicaine

un sens qui va bien au-delà du temps qu'on lui accorde et du salaire qu'on en attend. Il représente l'une de ces activités humaines à nulle autre pareille qui apporte une utilité sociale et permet l'intégration à la vie collective. Vivre dignement de son travail et réussir à le faire bien est le rêve tranquille que formule chaque travailleur, surtout les plus modestes – d'autant plus que les dernières décennies ont vu les conditions de travail se dégrader à nouveau et les rémunérations stagner.

Socialement, professionnellement, syndicalement et même politiquement, je viens du monde du travail et de cette France populaire que je retrouve lors du tour de France que j'ai entrepris depuis quelques mois à la rencontre des maires. À Quimper, par exemple, lorsque je me rends avec la maire Isabelle Assih sur le chantier d'insertion des Maraîchers de la Coudraie puis dans un quartier comptant plus de 40 % de logements sociaux, je renoue avec des manières d'être et des modes de vie qui ont été ceux de mon enfance ; je ne suis pas dépaysée et c'est presque naturellement que les habitants m'accueillent et boivent un verre avec moi. Tout mon parcours me permet aujourd'hui d'évoluer entre plusieurs mondes, celui de la France périurbaine, celui des grandes métropoles, celui de la France rurale.

École, travail, logement, santé : la désintégration...

France populaire et élites diplômées des grandes villes ; malheureusement ces mondes ne communiquent plus.

Une femme française

Si ce n'est que l'un est professionnellement au service de l'autre, pour le soigner, le transporter ou le livrer. Mais cette place subalterne tend à rendre ce monde du travail socialement invisible et largement ignoré, voire méprisé. Par contraste, au cours de mon enfance lorsque j'entendais parler du contremaître ou du patron, je comprenais bien que l'on s'en plaignait ; mais l'un était quand même un ancien de « chez nous » et l'autre connaissait ses ouvriers et travaillait au milieu d'eux, même s'il habitait les beaux quartiers.

Cette époque est totalement révolue. La mondialisation a fait son œuvre : notre économie s'est désindustrialisée, les services ont pris la place et sont largement externalisés dans une cascade de sous-traitances empêchant de garantir des droits et des conditions de travail décentes ; le travail s'est alors atomisé, « ubérisé », parcellisé et la désyndicalisation qui en est résultée n'a pas permis de s'opposer aux reculs des droits collectifs. Résultat, une véritable défiance entre groupes sociaux, parfois une haine, et la coexistence de mondes du travail qui n'ont plus rien en commun.

Cette rupture et cette incompréhension mutuelle sont sans doute ce qui m'a le plus frappé lors de la révolte des ronds-points en 2018 ou durant le confinement, lorsque tous les yeux se sont ouverts sur la réalité du travail des soignantes, des caissières ou des livreurs. À telle enseigne que, dans ce domaine, la plus urgente des actions politiques me paraît être de parler de tous ces travailleurs invisibles pour les représenter et renouer ainsi un dialogue dans la société. Je crois au dialogue social à tous

Tenir la promesse républicaine

les niveaux. Et mon parcours, à la croisée de plusieurs univers, me fait penser que je peux y contribuer.

C'est le point de départ incontournable pour tenir la promesse républicaine, celle d'une émancipation collective à travers l'égalité. Car les classes moyennes et les catégories populaires ont durant plus d'un siècle nourri un espoir en la matière. Espoir matérialisé par quatre éléments leur permettant de se projeter vers l'avenir, de se sentir fiers de leur pays et d'être des citoyens de la République sociale : l'école pour s'instruire correctement et progresser socialement, le travail pour vivre dignement, la propriété de son logement pour se sentir en sécurité, la santé garantie par la Sécurité sociale et l'hôpital public.

À la sortie de la guerre, le programme du Conseil national de la Résistance, le CNR, s'était donné l'ambition de stabiliser la société française afin de lui éviter la révolution, la violence, la ruine et de nouvelles guerres. Mais, fils de son époque, il reposait sur une vision de la société partagée par les deux principales forces en présence, le communisme et le gaullisme. La France d'après-guerre a donc été à la fois centralisée et protectrice ; une nation bien intégrée grâce à de puissants mécanismes de sécurité sociale. Le succès a été au rendez-vous. Le système social a d'abord permis une paix durable, une cohésion sociale, une forte croissance hissant peu à peu la France au rang de cinquième puissance mondiale et accompagnant ce développement d'une forte réduction des inégalités et de l'émergence d'une classe moyenne. Le ralentissement de la croissance, la crise des années 1970, les chocs pétroliers

Une femme française

puis la mondialisation de l'économie et aujourd'hui la transition numérique et les risques climatiques ont bouleversé ce modèle.

Alors qu'elle devrait être plus mobile que jamais, la société française se fige : l'ascenseur social – cette alliance du mérite républicain et du confort social-démocrate – est bel et bien en panne, force est de le constater ; quand il ne s'est tout simplement pas transformé en « descenseur social ». Le résultat est à l'opposé du but poursuivi : une grande difficulté d'entrée des plus jeunes dans le travail et la citoyenneté, le rejet hors de la vie professionnelle d'aînés qui se précarisent, un chômage de masse qu'aucune politique publique ne paraît pouvoir entamer et une hausse des discriminations qui ne touchent pas seulement nos concitoyens issus de l'immigration mais aussi les femmes seules avec des enfants et les moins diplômés ; sans oublier désormais la fracture numérique. Bref des inégalités sociales et territoriales insupportables et dangereuses pour notre cohésion.

Au bout du compte, le dynamisme et la croissance de notre pays ne reposent plus que sur une fraction réduite de citoyens dont parfois les plus riches cherchent à fuir ou à s'isoler entre eux au cœur des métropoles quand les autres dénoncent une pression fiscale qui serait devenue insupportable. Celle-ci n'est d'ailleurs pas réduite aux seuls impôts directs mais concerne l'ensemble des prélèvements et des taxes qui s'exercent sur le revenu du travail et la consommation. Ainsi, c'est l'ensemble du système social et redistributif qui est à la peine. Tout se passe comme si l'effort individuel passait dorénavant au

Tenir la promesse républicaine

premier plan par rapport aux mécanismes de la vie en commun. Ou, plus précisément, que les mécanismes de solidarité devaient désormais emprunter d'autres voies que celles de la seule redistribution sociale imaginée après la guerre. Nous savons que l'une des raisons majeures de la guerre était bel et bien une crise économique et sociale engendrant la pauvreté de milliers d'individus et la déstabilisation des démocraties. L'histoire se répète, les inégalités insupportables engendrent le chaos. C'est le message puissant du CNR, mais aussi la déclaration universelle des Droits économiques et sociaux signée en 1948 à Paris.

Aujourd'hui, « la critique de l'assistanat » m'apparaît moins comme un rejet pur et simple de la solidarité envers les plus fragiles qu'une autre façon d'imaginer celle-ci : plus concrète, plus directe et plus active. C'est ce que dit à sa manière le succès des cagnottes participatives qui ont fleuri ces dernières années pour exprimer une solidarité avec des personnes ou des mouvements, c'est ce qu'expriment aussi ceux qui se battent tous les jours pour retrouver un travail.

C'est également ce que montrent par exemple les expériences des territoires zéro chômeur de longue durée initiées par l'association ATD-Quart Monde : le but de ces dispositifs n'est pas l'assistance mais bien la solidarité par le travail.

Tout ce que résume parfaitement l'idée de vivre dignement de son travail. Je retiens de tout cela l'idée qu'il faut absolument encourager l'activité et réindustrialiser le pays en prenant appui sur la transition écologique. Comme le préconise la campagne « Un emploi vert

Une femme française

pour tous ! » qui se donne comme objectif de conjurer le chômage et de réussir la révolution écologique en instaurant un droit à l'emploi orienté vers les métiers de la transition écologique et du lien social.

Je retiens aussi qu'il ne faut plus asseoir notre protection sociale exclusivement sur la taxation du travail. De moins en moins d'actifs cotisent pour de plus en plus de personnes retraitées, avec des emplois précaires ou intermittents. Il nous faut maintenir une protection universelle et donc revoir de fond en comble ce financement qui doit être assis sur d'autres revenus ou produits. Il faudra bien sûr engager avec les partenaires sociaux de larges concertations et négociations pour cela. Le modèle actuel ne pèse *in fine* quasiment plus que sur les classes moyennes, qu'il s'agisse de cotisations sociales ou de la TVA qui est l'impôt le plus largement payé par tous les Français et donc le plus injuste.

Travail, école, logement, santé, nos quatre grands intégrateurs sont désormais grippés. Tenir la promesse républicaine suppose de penser ensemble ces quatre dimensions et d'en jouer simultanément. Car ce blocage à tous les niveaux de l'ascenseur social a pour conséquence immédiate et concrète l'explosion des inégalités, source de désespérance sociale qui, selon les moments, nourrit la colère ou l'apathie et favorise le vote extrême ou bien l'abstention massive telle que nous l'avons connue lors des élections. Dans ce cas, ne se mobilisent plus que ceux qui espèrent encore un peu quelque chose de la politique ; les autres attendent ou se débrouillent sans plus aucun espoir dans la vie collective.

Tenir la promesse républicaine

Constat qui génère son lot d'interrogations : ces millions de Français qui ne vivent ni dans l'assistance ni dans l'aisance, ni dans les banlieues les plus déshéritées ni dans les centres-villes privilégiés, c'est-à-dire les couches populaires et moyennes intégrées de notre société, ont-elles encore la possibilité de mener dignement leur existence ? Que reste-t-il pour vivre décemment quand on a dépensé plus d'un tiers de ce que l'on gagne pour se loger à proximité de la ville où l'on travaille ? Que reste-t-il pour les loisirs ou pour les études de ses enfants quand un quart de ses revenus part dans l'essence de la voiture parce que l'on habite en lointaine banlieue ou dans un territoire semi-rural, là où les logements sont moins chers mais les transports collectifs rares ou inexistants ? Je ne parle même pas du quotidien de toutes ces mères isolées qui ajoutent à ces difficultés celle de la garde de leurs enfants ; puis les courses, les devoirs, les soins et toute la fatigue accumulée...

La réalité que décrivent si justement plusieurs très beaux romans contemporains. Comme celui de Carole Fives, *Tenir jusqu'à l'aube*[1], dans lequel, à Lyon, une jeune mère célibataire se débat entre son travail, l'éducation de son fils de 2 ans et le semblant de liberté qu'il lui reste ; ou encore celui de Virginie Noar, *La Nuit infinie des mères*[2], qui met en scène le même genre de situation mais à la campagne cette fois-ci. Ce sont à

---

1. Carole Fives, *Tenir jusqu'à l'aube*, Gallimard, 2018.
2. Virginie Noar, *La Nuit infinie des mères*, Éditions Les Pérégrines, 2021.

Une femme française

chaque fois les femmes qui paient au prix fort l'escalade des inégalités. C'est aussi ce que l'on entend dans le très beau roman de Nicolas Mathieu, *Leurs enfants après eux*[1], qui reçut le prix Goncourt en 2018. Notre problème collectif est donc de savoir si la République, grâce à l'école, au travail, au logement, à la santé essentiellement, offre à l'ensemble des Français la possibilité de vivre une vie décente et d'accéder à l'autonomie ou aux responsabilités auxquelles ils aspirent ? Rien n'est moins sûr. Au contraire, l'expérience commune des classes populaire et moyenne, c'est de s'apercevoir qu'en jouant le jeu et en respectant les règles, on n'obtient pas la récompense de ses efforts. Combien d'enfants, à la fin de la troisième, ne pourront pas intégrer un lycée de qualité puisqu'ils n'ont pas été dans un collège lui-même réputé de qualité, car leurs parents n'habitaient pas au bon endroit et n'ont pas contourné la carte scolaire ou parce qu'ils n'avaient tout simplement pas la bonne information ou les moyens de leur offrir des cours particuliers ?

Certains persistent à penser que, sous sa forme actuelle, l'école, qui a représenté durant longtemps le ciment de l'égalité républicaine, peut encore offrir sa chance à tous les élèves et favoriser l'ascension sociale grâce au mérite. On aimerait le croire. Mais ne nous voilons pas la face : si l'objectif demeure, la réalité est tout autre. Et les discussions actuelles sur la méritocratie, venues surtout des États-Unis ou de Grande-Bretagne, trouvent

---

1. Nicolas Mathieu, *Leurs enfants après eux*, Actes Sud, 2018.

Tenir la promesse républicaine

un triste écho dans notre pays. Car, malheureusement, comme le montrent la plupart des études sur le sujet aujourd'hui, l'école renforce les inégalités sociales au lieu de les corriger. Et, mises à part quelques exceptions réelles, ce que l'on appelle « le mérite » correspond en fait à une reproduction de l'élite et au produit d'une massification de l'enseignement supérieur, faisant ainsi de la possession, ou non, d'un titre universitaire valorisé la véritable fracture sociale de notre époque. C'est désormais 25 % d'une génération – deux cent mille jeunes, l'équivalent d'une ville comme Rennes – qui accède chaque année à un master (bac + 4 ou 5) ou à un diplôme d'école d'ingénieurs et de commerce, contre moins de la moitié au début des années 1980. Enfants de la bourgeoisie de province ou de l'élite, elle-même diplômée, voilà un groupe social qui n'existait pas avec cette ampleur il y a vingt ou trente ans.

Cette transformation profonde de notre société a eu comme conséquence deux évolutions contradictoires qui ne font pas bon ménage. Tout à la fois un certain triomphe de l'école dont nous n'avons pas à rougir puisque presque la moitié de la population adulte a un diplôme supérieur au bac ; mais également l'exclusion du système éducatif de tous ceux qui n'y sont pas socialement adaptés, du moins leur mise à l'écart le temps que le système trie et sélectionne. À telle enseigne que malgré l'obtention d'un bac, les étudiants sont plus de 40 % à abandonner l'université à la fin de leur première année et seuls 3 % des titulaires d'un bac professionnel réussissent en trois ans. C'est totalement inacceptable.

Une femme française

Tel qu'il fonctionne, notre système n'a quasiment plus rien de méritocratique. Notre pays n'a pas reconnu comme une chance cette élévation des niveaux de diplôme, et au lieu d'investir massivement dans l'enseignement supérieur, la connaissance, la recherche, nous avons limité les moyens de l'université. Il nous faudra reconsidérer les politiques à l'aune d'une nouvelle ambition pour nos jeunes.

En effet, la compétition scolaire qui fait rage s'apparente de plus en plus à une guerre d'informations favorisant les familles qui savent développer les bonnes stratégies pour sortir gagnantes de la course au diplôme : cela commence avec le choix du lieu de résidence et se poursuit avec celui de l'établissement le mieux coté, sans oublier l'option ou la langue rares, mais aussi les activités extrascolaires qui valorisent le parcours et la personnalité de l'enfant. À ce jeu, les classes moyennes les plus modestes sont les premiers perdants. Marqués, qui plus est, du sceau de l'indignité puisque cette valorisation excessive de ce que l'on appelle « l'effort » fait reposer l'échec scolaire sur l'unique responsabilité individuelle ; ce qu'on aurait malheureusement pu prédire dès le départ... D'où cette question, les enfants des milieux populaires et de la classe moyenne d'aujourd'hui seraient-ils moins méritants que ceux de mon époque ou que moi-même ? Je ne le crois pas.

Tenir la promesse républicaine

Pour l'honneur des enseignants

Au début des années 1960, l'école que j'ai connue, celle des quartiers populaires de Vaise ou de la Duchère, à Lyon, était marquée par un engagement total des instituteurs et des institutrices. Souvent de gauche et syndiqués, engagés dans des associations locales et vivant à nos côtés, ils me paraissaient donner énormément pour la réussite de leurs élèves. Mais ces militants de l'école laïque faisaient aussi le lien avec la mairie, les services sociaux ou les mouvements d'éducation populaire qui m'ont permis d'accéder à des pratiques culturelles comme la danse, le chant ou la peinture. Dans ma petite école communale de la rue Tissot à Vaise, c'était « L'amicale laïque » qui nous ouvrait les portes. Sans vraiment en avoir conscience, nous étions pris en charge par tout un système qui nous intégrait et tirait les esprits les plus scolaires vers les études supérieures. Quant aux autres, le travail ne manquait pas à cette époque.

J'ai retrouvé dans le livre du sociologue Stéphane Beaud, *La France des Belhoumi*[1], la même expérience quant au rôle déterminant de ces enseignants qui en faisant grandir les autres se grandissaient eux-mêmes. En effet, le livre détaille les trajectoires sociales et professionnelles de huit enfants (cinq filles et trois garçons) d'une famille algérienne arrivée en France à la fin des années 1970 ; tous ont des destins différents

---

1. Stéphane Beaud, *La France des Belhoumi, portrait de famille (1977-2017)*, La Découverte, 2018.

Une femme française

mais seules les deux filles aînées connaissent une véritable ascension sociale. À dix ans d'intervalle, ces dernières ont sensiblement connu la même école que moi, celle d'enseignants mobilisés pour la réussite des plus modestes au sein d'un tissu associatif et socioculturel riche quand il ne s'agissait pas tout simplement du socialisme municipal. Projet politique clair, mixité sociale, éducation artistique et culturelle, engagement professionnel, tout était alors réuni pour briser l'enfermement des catégories populaires sur elles-mêmes et que les efforts individuels soient véritablement payants. C'est cette prise en charge globale des enfants qui s'est étiolée avec le temps. Abaissant du même coup le métier d'enseignant. Car ces derniers ne sont pas moins mobilisés aujourd'hui qu'ils ne l'étaient hier. Eux aussi veulent la réussite de leurs élèves. Mais eux aussi produisent des efforts qui ne mènent souvent qu'à l'épuisement, au découragement et au repli sur soi.

Les élèves ne sont sans doute pas tout à fait identiques à ceux des années 1970 : plus connectés et ouverts sur le monde, ils apprennent aussi beaucoup plus en dehors de l'école grâce au numérique et abordent le programme scolaire à partir d'un savoir déjà constitué de références parfois même parodiques sur Internet. Un exemple parmi d'autres : il est devenu impossible de parler de Jeanne d'Arc sans prendre en compte que les élèves ont déjà en tête tout un tas de références cinématographiques ou comiques ou publicitaires la mettant en scène sur son bûcher ou avec ses « voix »... Pourtant, leur soif

Tenir la promesse républicaine

de réussite scolaire reste identique. Ce qui s'est modifié, en revanche, ce sont les conditions dans lesquelles les enseignants travaillent à cette réussite. Ils sont bien plus qu'avant confrontés aux difficultés sociales et culturelles des familles. Ces difficultés ne restent pas non plus aux portes de l'école, elles l'envahissent et l'empêchent, ce faisant, de se consacrer entièrement à sa mission éducative. Comme je l'ai indiqué, pour beaucoup d'enfants issus de l'immigration, le français de l'école entre en concurrence avec une autre langue parlée chez eux mais entendue aussi à la télévision, en bas des immeubles, sur le terrain de sport ou les réseaux sociaux. Par ailleurs, la mixité sociale a reculé et le tissu associatif s'est largement détricoté sous l'effet de politiques d'austérité qui l'ont sacrifié. Résultat, les enseignants sont restés en première ligne sans que leur métier soit véritablement reconnu et valorisé. C'est cela qu'il faut désormais changer.

Avant de parler programmes scolaires ou de se désoler que les enfants ne soient plus les élèves dociles d'autrefois, il faudrait mettre en avant les conditions de travail et de rémunération des enseignants. Signe que la situation est grave, les difficultés d'attractivité du métier n'ont jamais été aussi importantes : formation, pénibilité, pouvoir d'achat, déroulement de carrière, mobilité et, au bout du compte, reconnaissance sociale, plus rien ne va. Du coup, parallèlement au creusement des inégalités entre élèves, le système fabrique de surcroît des professionnels malheureux et insatisfaits, plus que jamais défiants vis-à-vis de leur ministère et de la puissance publique, mais aussi vis-à-vis de la

Une femme française

société et notamment des parents d'élèves, assimilés à des consommateurs. Et cela, alors que l'on ne cesse de parler de société éducative ou apprenante. Si bien qu'enseignant tend à devenir l'un de ces métiers de service dévalorisé. C'est pourquoi, à mes yeux, seul un grand mouvement de revalorisation des salaires est à même d'enrayer cette mécanique mortifère. Il s'agit là d'un choix politique fondamental.

Je crois possible, sur la durée d'un quinquennat, de multiplier par deux au moins le traitement de toutes les personnes au contact avec les élèves. Ou, pour commencer, d'aligner *a minima* le salaire des nouveaux professeurs sur le salaire médian des titulaires d'un bac + 5.

Certes le coût – en moyenne 9 000 euros par an et par jeune tout au long de la scolarité – sera nécessairement plus important. Mais je l'assume. C'est le prix à payer pour transformer l'école et réduire le nombre de « décrocheurs » et pacifier notre société – ils sont aujourd'hui près de cent mille à sortir chaque année sans diplôme du système de formation initiale.

En effet, ce mouvement de valorisation des enseignants entraînerait un grand nombre de conséquences vertueuses. Il enverrait d'abord un signal politique extrêmement puissant, à même de redonner confiance à tous ceux qui n'ont que l'école pour espérer s'élever et qui, en vain jusqu'à présent, ont joué le jeu du système. Faire de l'école la priorité, c'est aussi redonner espoir aux classes moyennes quant à la réparation de l'ascenseur social.

Mais c'est aussi le gage d'attirer vers lui les meilleurs esprits, les plus ambitieux ou les plus talentueux ; une

Tenir la promesse républicaine

révolution copernicienne que la Finlande a su faire et qui est pour moi une source d'inspiration souvent citée en exemple par l'OCDE ou encore par Cyril Dion et Mélanie Laurent dans le film *Demain*. Car, dans une société de marché comme la nôtre, comment s'étonner du peu de respect réservé aux maîtres si ceux-ci restent sous-payés.

Cette revalorisation du métier d'enseignant doit aussi s'accompagner de deux autres évolutions majeures, portant, d'une part, sur la manière d'enseigner et, d'autre part, sur un soutien vigoureux à l'environnement de l'école pour recréer autour d'elle un écosystème intégrateur, comme cela était le cas jusqu'aux années 1980.

Tout commence donc par la formation et le suivi des enseignants. Professeurs des écoles, des collèges ou des lycées, tous sont sélectionnés au moyen d'un concours portant plus sur la maîtrise de savoirs disciplinaires que de savoir-faire pédagogiques. Or, la pédagogie et l'enseignement ne s'inventent pas ; ils s'apprennent et s'éprouvent en prenant la classe et au contact des élèves. C'est cela qui manque le plus au cours de cette période de formation. D'ailleurs, toutes celles et ceux qui ont dû faire l'école à la maison pendant le confinement l'ont bien compris : enseigner aux enfants est un métier qui ne s'improvise pas. À cela s'ajoute, une fois en poste, une inspection qui, lorsqu'elle survient – au mieux tous les cinq ans –, reste pour beaucoup scolaire et infantilisante. C'est au contraire d'une supervision bienveillante qu'ont besoin ces professionnels, au plus près du travail réel des enseignants sur le modèle des internes en médecine. En effet, les enseignants sont des professionnels de grande

Une femme française

valeur formés à bac + 5. Par conséquent, il serait temps désormais de passer d'une culture du contrôle et de l'isolement à des méthodes fondées sur la coopération entre pairs, la confiance et une formation continue digne de ce nom, leur permettant de s'adapter à un monde qui change toujours plus vite.

De fait, le travail collaboratif n'est pas encouragé. En effet, les meilleures idées issues de la curiosité, de l'expérience et de l'innovation des professeurs dorment la plupart du temps sur des blogs personnels dont les enseignants se repassent parfois les adresses ou sur lesquels ils tombent par hasard en préparant leur cours. Cette richesse pédagogique doit être mieux exploitée en aidant tous ceux qui innovent à faire alliance quelle que soit leur matière. Il existe de nombreux exemples de réussite comme « la main à la pâte » initié par Georges Charpak, Prix Nobel de physique. L'objectif serait d'arriver à mettre à disposition de leurs collègues, des élèves et des familles toutes ces expériences et ces méthodes afin que les succès des uns bénéficient à tous.

Créer, en quelque sorte, des écosystèmes coopératifs d'apprentissages et d'innovations pédagogiques contre les inégalités scolaires et adaptés aux réalités d'aujourd'hui notamment à la grande maîtrise par les jeunes des nouvelles technologies.

C'est très exactement ce que j'ai voulu inaugurer en créant, à partir de la rentrée 2021, une Académie du climat à Paris. De quoi s'agit-il ? D'un lieu inédit – à l'intérieur de l'ancienne mairie du 4e arrondissement – de réflexion, d'échange, de formation, de soutien et d'action

Tenir la promesse républicaine

autour des enjeux environnementaux. L'Académie est destinée en priorité aux élèves, mais aussi aux associations et aux adultes avec des modes d'appropriation différents selon les publics et les moments de la journée ou de la semaine.

Mon idée est de proposer aux jeunes une formation aux enjeux écologiques afin qu'ils disposent des ressources les rendant capables de faire face aux crises climatiques et environnementales à venir. Mais pour cela, la méthode est essentielle : j'ai fait en sorte que l'apprentissage laisse toute sa place aux scientifiques, au débat, à la discussion et à l'interaction en donnant les moyens aux jeunes de se mobiliser par eux-mêmes. Plutôt que des cours académiques, il s'agit d'un modèle ouvert gratuit et dynamique à travers lequel l'éducation et les apprentissages se mettent en place au moyen de la connaissance scientifique, de la coopération et de l'expérimentation et du tâtonnement. Se donner les moyens du partage des connaissances sera la pierre angulaire de l'Académie. À mon sens, c'est aussi la véritable école du futur. Apprendre à apprendre, apprendre à partir de l'expérience et de projets, apprendre avec les autres, c'est ni plus ni moins ce que recommande l'OCDE dans son dernier rapport sur l'éducation pointant les fragilités du système éducatif français.

Profession revalorisée, méthodes de formation et d'apprentissage rénovées, voilà les pas que nous devons faire collectivement pour renouer avec l'esprit de la promesse républicaine. Mais cet effort en commun doit s'appuyer aussi sur les familles et l'environnement de l'école dont on sait qu'ils sont primordiaux pour la réussite scolaire.

Une femme française

De quelle manière agir pour ne pas renvoyer sans cesse l'élève à ses origines sociales ou à sa situation personnelle ? Et l'enfermer finalement dans sa seule culture familiale et son quartier ? Dans ces conditions, le soutien à la fonction parentale me paraît essentiel. C'est en réalité ce que faisaient déjà les mouvements laïques et d'éducation populaire de ma jeunesse. Mais sans doute faut-il aller plus loin et être, là encore, plus volontariste. Car dans le contexte marqué à la fois par l'isolement professionnel et la fragmentation sociale – l'exemple caricatural étant, une nouvelle fois, celui de ces mères isolées enchaînant différents emplois aux horaires décalés, le soutien aux familles populaires, et principalement aux mères, dans leur mission éducative et dans leur lien à l'école doit constituer l'acte fondateur d'une nouvelle approche des inégalités.

D'ailleurs cet effort appuyé sur ce que l'on a longtemps appelé l'éducation populaire n'est possible qu'à la condition d'un aménagement des rythmes d'enseignement. C'est pour cela que je tiens à maintenir un équilibre entre l'école et le temps passé par les enfants en dehors de l'école. Ce n'est pas seulement aux activités sportives et culturelles qu'il faut permettre aux enfants d'accéder mais à toute une sociabilité et tout un environnement social qui leur permettront ensuite de réussir et de s'épanouir. Je pense par exemple à toutes ces stimulations permanentes dont les enfants plus privilégiés font l'expérience depuis leur plus jeune âge. Si bien qu'en dernière année de maternelle, les enfants de milieux populaires ont déjà moins profité des apports de l'école que ceux qui sont dans ce bain culturel favorable depuis

Tenir la promesse républicaine

leur naissance : ils utilisent moins de vocabulaire et présentent un langage moins soutenu.

Par conséquent, l'apprentissage de la lecture en CP se révèle parfois pour ceux-là plus difficile que pour les autres ; un handicap qu'ils risquent de traîner avec eux durant tout le primaire. À tel point qu'on sait que quasiment tous les élèves en difficulté en 6ᵉ l'étaient déjà au CP.

Je plaide donc pour qu'à côté du mouvement d'éducation populaire, souvent intégré aux actions municipales à travers les centres de loisirs et les colonies de vacances, les rythmes éducatifs, se développe massivement un mouvement de mentorat populaire. L'objectif est de donner à tous ces enfants la chance de compter sur une ou des personnes qui viennent les épauler, les stimuler et les orienter. On le sait, toutes les réussites exemplaires comportent la rencontre inoubliable avec un adulte qui a montré la voie, suscité l'envie ou tout simplement permis de ne pas sortir des rails à un moment où l'environnement social devenait problématique. Il y a là un véritable gisement de solidarité, les initiatives associatives et municipales foisonnent, il nous faut les reconnaître et les transformer en une nouvelle politique nationale d'éducation favorisant l'égalité dans tous les territoires de notre pays.

En matière d'intégration à la société, mon idée est donc toujours la même : là où la dynamique était portée naturellement par des mouvements collectifs et le plein-emploi durant les Trente Glorieuses, il faut lui substituer aujourd'hui, dans une période de fort chômage et d'individualisation croissante, une volonté politique sans faille. Les maires engagés retissent sans

Une femme française

cesse des liens créant de la coopération et de l'inclusion autour de l'école. L'État, bien sûr, doit insuffler une politique d'ensemble, mais la réalisation doit être locale et adaptée aux réalités d'un territoire.

Dans la philosophie des Lumières, l'idée d'éducation repose sur la croyance dans les possibilités offertes par l'égalité naturelle entre les êtres humains : chacun est suffisamment doué de raison pour s'élever grâce à l'enseignement et conduire sa vie d'adulte comme il l'entend. Cette idée est au fondement de l'école républicaine. Elle a pourtant été combattue.

Dès la fin de la Révolution, un penseur comme Tocqueville, par exemple, pourtant grand théoricien de la démocratie, doutait qu'un régime fondé sur l'égalité puisse jamais faire place à une forme de grandeur. Pour lui, à l'avenir, tout ce qui pourrait sortir du commun serait immédiatement critiqué, moqué et rabaissé. Cela n'est pas totalement faux et nous en avons de nombreux exemples sous les yeux, notamment sur les réseaux sociaux. Mais je persiste pourtant à croire que notre monde produit, malgré tout, sa propre grandeur. Celle-ci réside, en réalité, dans l'acte éducatif lui-même qui revient à faire grandir les citoyens et à leur permettre d'être libres. Voilà pourquoi l'instruction est la boussole de la République, parce qu'à partir de l'égalité de toutes et tous, elle produit la liberté individuelle et collective. Voilà en quoi les enseignants nous sont si précieux : ils ont tout simplement entre leurs mains le sort de la liberté, et de la prunelle de nos yeux. À cette aune, l'école ne saurait être qu'égalitaire et combattre farouchement les inégalités

Tenir la promesse républicaine

sociales, elle doit viser l'excellence pour chaque enfant en misant sur ses talents et en comblant ses faiblesses. Il y va de l'avenir de notre liberté et de notre cohésion nationale. C'est pourquoi les enseignants ne méritent pas d'être maltraités comme ils le sont aujourd'hui.

Apprendre en travaillant

Tant que l'école n'aura pas retrouvé sa place centrale dans le projet républicain, ses dysfonctionnements produiront des effets qui embolisent le reste de la société. L'ampleur du nombre de décrocheurs et l'importance croissante des « Neet[1] », ces jeunes qui ne sont ni étudiants, ni employés, ni stagiaires, impose au secteur de la formation professionnelle de se substituer de plus en plus à l'Éducation nationale. Pas encore insérés, ces jeunes sont déjà exclus : en 2019, ils étaient environ 1,5 million, âgés de 15 à 29 ans, dans cette situation et l'on sait aujourd'hui combien la pandémie a accru le phénomène. C'est pourquoi, en juin 2021, aux côtés d'une quinzaine de présidents de départements, j'ai réclamé en urgence le droit d'expérimenter des solutions nouvelles au niveau départemental, parmi lesquelles l'ouverture d'une aide exceptionnelle aux jeunes de 18 à 25 ans et la création d'une allocation revenu de base pour la jeunesse. La situation est si dégradée avec la crise sanitaire pour toute une partie des jeunes que des structures comme Pôle emploi ou l'Afpa, l'Association pour la formation professionnelle des adultes, développent de plus

---
1. « *Not in Education, Employment or Training* ».

Une femme française

en plus des programmes de formation en orthographe ou de la remédiation destinée à revenir sur des notions fondamentales telles que la lecture, l'écriture et le calcul. Ainsi, un secteur de "rattrapage" est peu à peu en train de s'insérer entre l'Éducation nationale et la formation professionnelle proprement dite. Dans un seul but : rattraper et favoriser l'accès à l'emploi.

C'est le signe supplémentaire d'un problème propre à l'école qu'une autre approche de la formation pourrait aider à résoudre, notamment en développant une vision et une utilisation bien plus large de l'apprentissage et de l'alternance durant la scolarité puis les études. En effet, à mes yeux, l'apprentissage représente un lien naturel entre éducation initiale et monde professionnel. C'est pourquoi la promesse républicaine doit porter également sur la possibilité d'apprendre par le travail.

Le récent livre de l'ancien journaliste britannique David Goodhart, *La Tête, la main et le cœur*[1], est un plaidoyer plutôt conservateur contre la méritocratie auquel je ne souscris pas. Mais il a au moins le mérite de faire cette distinction entre différents types de travailleurs et donc différents mondes du travail : celui du logiciel et des catégories intellectuels supérieurs (la tête), celui de la logistique et des ouvriers (la main) et celui du soin et du prendre soin (le cœur) qu'on appelle aussi *care*. Lorsque l'on regarde de plus près la réalité de ces métiers de la « main » et du « cœur », on peut faire un

---

1. David Goodhart, *La Tête, la main et le cœur. La lutte pour la dignité et le statut social au XXIe siècle*, Les Arènes, 2020.

Tenir la promesse républicaine

certain nombre de constats qui les séparent très largement des professions intellectuelles plus valorisées. C'est d'ailleurs ce que la crise sanitaire a mis en lumière : le fait que la plupart de ces métiers nous étaient essentiels mais que notre système de formation dont ils proviennent n'était pas seulement inégalitaire mais totalement paradoxal : il produit des travailleurs indispensables mais socialement invisibles et ignorés.

En effet, la plupart de ces métiers relèvent d'une formation initiale puis supérieure très réduite ou relativement courte – les plus longues études durent généralement trois ans comme pour les infirmières. Les emplois qu'ils vont ensuite occuper seront donc considérés comme non ou peu qualifiés, alors même que leur activité quotidienne fait appel à une large palette de compétences sociales et relationnelles rarement reconnues. Mais pire, ces métiers demeurent socialement dévalorisés car ils sont occupés par des personnes qui n'ont pas connu un parcours dit « d'excellence » lors de leur scolarité ou, autrement dit, qui n'étaient pas les mieux adaptées au système de sélection par l'abstraction. L'orientation qui s'ensuit, que ce soit par envie ou par hasard, s'apparente alors souvent à un renoncement ou à une fatalité qui ne peut que nourrir le ressentiment social. D'autant plus fortement que la nature de ces emplois et l'organisation du travail les condamnent à très peu progresser professionnellement. À titre d'exemple, rares sont les aides ménagères ou les femmes de ménage qui parviennent à devenir aides-soignantes puis se forment pour accéder au métier d'infirmière. Il s'agit pourtant de véritables

Une femme française

parcours professionnels accessibles à l'ensemble de ces travailleuses. Quant aux formations elles-mêmes, censées être professionnelles, elles prennent rarement la forme d'un véritable apprentissage. La valorisation des acquis de l'expérience a toujours du mal à s'imposer plus de vingt ans après sa consécration par la loi.

Dans un bac pro, par exemple, les périodes de formation en milieu professionnel comptent vingt-deux semaines de stage réparties sur trois ans et seulement douze semaines pour deux ans d'études en ce qui concerne le CAP. C'est dérisoire.

À l'inverse, l'univers des métiers de la « tête » présente des caractéristiques en totale opposition avec ces travailleurs de la « main » et du « cœur » : ils poursuivent des études longues avec à la clé un statut social enviable et connaissent, durant leur cursus universitaire, un plus large recours à l'apprentissage et aux méthodes de formation en alternance. Cet entrelacement, entre des études prestigieuses et le monde de l'entreprise, est même devenu une norme : mis à part le domaine de la recherche fondamentale, on ne trouve quasiment plus de masters ou d'écoles d'ingénieurs qui ne fassent pas appel à l'alternance. C'est une très bonne chose. Mais cela devrait être plus largement la norme pour l'ensemble des cursus de formation. C'est le gage d'une inscription plus facile dans le monde du travail, d'un moindre sentiment de dévalorisation, mais aussi d'une réelle acclimatation – au sein de toutes les entreprises –, d'une culture de la formation permanente.

Ce point est essentiel à mes yeux.

Tenir la promesse républicaine

Jusqu'à présent, l'idée d'une formation tout au long de la vie, sur laquelle j'ai longtemps travaillé, n'est jamais devenue une réalité en France. Voilà vingt ans qu'on en parle, ce serait pourtant une véritable sécurité professionnelle pour chacune et chacun. Pouvoir se former, changer de métier, se reconvertir doit devenir une réalité dans la France du XXIe siècle.

Passons maintenant des paroles aux actes en partant des études elles-mêmes : dès le départ, au lycée et peut-être même au collège pour certains métiers, il faut intégrer aux études ce rapport au réel. Le stage réalisé en troisième par l'ensemble des collégiens français est souvent la première rencontre avec le monde du travail ; il ne doit pas rester la seule. Le temps doit être mieux organisé pour permettre à tous les élèves une expérience apprenante réussie dans le monde des adultes.

Par ailleurs, on sait désormais que faire une première expérience professionnelle durant ses études est un gage de réussite de celles-ci ; ce qui a été très largement mon cas puisque je devais les financer en travaillant à côté. Si l'on souhaite que la formation permanente devienne une réalité au sein des entreprises, il faut donc faire de l'alternance professionnelle, dès la fin de la scolarité et tout au long des études, un véritable objectif que je souhaite porter : généraliser les formations en alternance après le bac, aider chaque jeune à trouver sa place et son chemin. Ce qui nous a été proposé à l'évidence n'est pas cette voie. Ce n'est pas un algorithme qui doit décider du destin de nos enfants. Il faudra supprimer

Une femme française

Parcoursup qui crée tant d'angoisses et de frustrations et qui décide de façon si opaque l'avenir des jeunes. Aujourd'hui le gouvernement ne considère pas que le niveau de formation de nos jeunes soit une chance. Il gère une pénurie en mettant l'Université et la Recherche dans une situation qui n'est pas digne d'un pays comme le nôtre et qui nous fait perdre de la souveraineté et de l'influence dans le monde et surtout qui désespère tant de jeunes et de parents.

C'est l'État, les régions mais aussi les entreprises qui doivent jouer un rôle dans cette nouvelle dynamique : en aucun cas il n'est question de leur permettre de s'implanter à l'école ou à l'université, pas de mélange de genres. C'est bien pour « former des citoyens » et une société plus égalitaire que je milite pour une affirmation de l'alternance comme une pédagogie à part entière et efficace. Elle ne favorise pas seulement le développement des compétences professionnelles, elle accroît aussi l'esprit de curiosité et permet de nouer un lien différent avec la matière au moment où la transition numérique et le développement du télétravail rendent toute une partie du travail plus abstraite. Les entreprises bénéficieront du regard et de la créativité des jeunes. Elle permet aussi aux jeunes de bénéficier d'une rémunération liée à leur travail, ainsi que d'une protection sociale certaine.

Le mot d'ordre « Apprendre en travaillant » fonctionne donc bien dans les deux sens : sous la forme d'un contact avec le travail tout au long des études, mais aussi d'un droit à la formation tout au long de la vie professionnelle. Au temps de la mondialisation, éducation et formation restent les seuls moyens de s'en sortir économiquement et de progresser socialement et d'apporter une nouvelle protection sociale.

Ceci est d'autant plus important que cette nouvelle classe du service, celle des travailleurs du « cœur » et de la « main », en a un besoin impérieux. Cela leur donnerait non seulement un motif de fierté et d'espoir, mais représenterait également le signe d'une véritable émancipation et de progrès possible.

Un nouveau chapitre de l'émancipation

On dit souvent que l'on reste inspecteur du travail toute sa vie. En dépit de mes années d'engagement politique, je crois que cela est parfaitement vrai. Aujourd'hui encore, lorsque je rentre dans une entreprise, lorsque je passe dans la rue à proximité d'un chantier, c'est d'abord mon regard d'inspectrice du travail qui s'impose. Avec l'inspection, j'ai appris à regarder, c'est-à-dire à voir très précisément celles et ceux qui travaillent et les conditions dans lesquelles ils mènent leur activité ; un regard sur le travail réel et ses conditions concrètes. Mais c'est un métier qui apprend aussi à découvrir ce qui se passe dans l'envers du décor et la manière dont se fabriquent les choses que nous allons ensuite utiliser.

Alors que j'étais encore à l'école des inspecteurs, j'ai effectué mon stage ouvrier à Veauche, dans la Loire, à côté de Montbrison, dans une usine qui fabriquait des bouteilles. J'avais 22 ans et la direction, voulant soi-disant me protéger, m'interdisait de me rendre dans l'atelier où

Une femme française

il n'y avait que des hommes. Mais quel est le sens d'un stage ouvrier sans passer du temps justement... avec les ouvriers ? J'ai fini par obtenir de m'y rendre et tout s'est très bien passé. À tel point que ces hommes, avec lesquels une certaine fraternité était née, m'ont fait un cadeau que j'ai toujours gardé auprès de moi : un cendrier. Pour cela, ils ont recueilli une goutte de verre sortant du four et l'ont façonnée pour en faire un objet commun. Ensuite, avec un poinçon, je l'ai décoré de petits motifs fleuris.

Dans le langage ouvrier, on appelle cela « la perruque », un petit moment de créativité volé au temps de la production à partir de la matière et du matériel avec lesquels on travaille quotidiennement. Lorsqu'à l'intérieur d'une usine surchauffée, on a vu s'écouler le verre en fusion d'où sortiront bientôt une bouteille, un verre ou un simple cendrier, on ne regarde plus les objets de la même manière. Je continue d'ailleurs à être fascinée par la fabrication de ces objets industriels et l'ingéniosité humaine qu'il faut pour y parvenir.

Avec ce qu'on appelle la « révolution du faire », c'est-à-dire la multiplication des fab-labs, ces tiers-lieux équipés d'imprimantes 3D, j'ai l'impression de retrouver un peu la même expérience, mais démocratisée et accessible à tous. Je suis en effet l'héritière de cette philosophie selon laquelle le travail s'appuie sur la fierté de ce que l'on accomplit ; parce que le travail nous constitue individuellement et collectivement face à des forces qui nous dépassent. De ce point de vue, l'inspection représente une école de la vie matérielle qui m'a appris la réalité du monde du travail, des entreprises, la négociation,

Tenir la promesse républicaine

et qui continue de m'éclairer sur la marche de la société. En cela, c'est une fonction très politique et qui m'a, en quelque sorte, portée vers la politique.

C'est au cours de mes études à l'Institut d'études du travail et de la sécurité sociale, rattaché à l'époque à l'université Lyon-III, que j'ai découvert le droit du travail, qui est rapidement devenu une vraie passion, tant la matière m'apparaissait en prise totale avec la vie réelle. La décision s'est alors rapidement imposée à moi : je voulais devenir inspectrice du travail. L'époque s'y prêtait particulièrement. En effet, je suis entrée à l'école des inspecteurs en 1982, dans le sillage de la victoire de la gauche. Au moment précis où Jean Auroux – ancien maire de Roanne, l'une des villes où j'allais commencer ma carrière – faisait voter ses fameuses lois avec l'aide de Martine Aubry, la directrice adjointe de son cabinet. Les quatre « lois Auroux » ont modifié de fond en comble le droit du travail et les relations sociales dans notre pays.

« L'entreprise ne peut plus être le lieu du bruit des machines et du silence des Hommes », répétait le ministre. Sa philosophie était claire : on ne pouvait pas être citoyen dans la cité et asservi à l'usine ou au bureau ; c'était incompatible. La démocratie sociale devait s'imposer partout. Et grâce à la représentation du personnel, aux libertés syndicales et au droit d'expression, le travail pouvait servir l'émancipation des salariés. Pour cela, l'amélioration des conditions de travail et le respect des droits collectifs devenaient primordiaux.

Avec le quinquennat qui s'achève, nous sommes loin de cette inspiration historique dont l'objectif a été de doter

Une femme française

le monde du travail de plus de droits. Ce que d'aucuns ont appelé « le nouveau monde » s'apparente plutôt à une revanche libérale sur les protections sociales mises en place dans l'ancien. Une attaque en règle contre ce que le grand juriste Alain Supiot a appelé « L'esprit de Philadelphie », du nom de la Déclaration adoptée en mai 1944 dans cette ville et qui fait figure d'acte fondateur de l'OIT, l'Organisation internationale du travail. Cette déclaration se présente comme une forme de pacte visant à placer l'humain, et donc le politique, en position prévalente vis-à-vis de l'économie. Ainsi, non content d'avoir supprimé, en 2017, le Comité d'hygiène, de sécurité et des conditions de travail, le CHSCT, l'une des plus belles inventions de Jean Auroux, le gouvernement actuel n'a cessé de s'attaquer aux droits des travailleurs. Et chaque réforme présentée résonne comme un mauvais coup porté au camp du travail. Trois dossiers emblématiques de ce point de vue : avant l'épidémie, le recul du droit des retraités, puis, à peine sortis de la crise, le recul du droit des chômeurs, et enfin, ce refus d'octroyer un statut ou un revenu minimum aux travailleurs des plateformes (Uber, Deliveroo, etc.). Contrairement à l'Espagne, par exemple, où Pedro Sánchez, président du gouvernement, socialiste, a dit très clairement que ces travailleurs étaient des salariés. Il est grand temps d'inventer de nouvelles protections et d'ouvrir un nouveau chapitre de l'émancipation.

Dans cette perspective, il faut d'abord être très clair sur le diagnostic que l'on porte sur l'état du travail. Après plus d'un an et demi de crise sanitaire, sur fond de chômage redevenu massif, d'une mondialisation non maîtrisée et

Tenir la promesse républicaine

d'une transformation numérique qui s'accélère, où en est-on ? Car après avoir été éclipsée à partir du milieu des années 1980 par la notion d'emploi, la question du travail a fait son grand retour depuis une dizaine d'années. Ce qui est mis en cause, notamment par les nouvelles générations, c'est son organisation, la place qu'il tient dans l'existence et le sens qu'on lui donne collectivement. Ces interrogations sont essentielles. C'est la révolution numérique qui les a d'abord remises à l'ordre du jour avec le développement de l'économie de plateforme et plus récemment le passage à un télétravail de masse. Mais d'autres évolutions sont à l'œuvre. Notamment ce que les économistes appellent la polarisation du marché du travail.

Sous l'effet de choix politiques et industriels censés répondre à la mondialisation, nous avons accepté l'organisation d'une économie de services que l'on a hâtivement et improprement rebaptisée économie de la connaissance ; en réalité une société désindustrialisée où certains ont même parlé de la fin du travail... Or, ce modèle favorise le développement, parallèle mais opposé, de deux types d'emplois : à un bout de la chaîne, des métiers peu qualifiés et mal rémunérés face à des métiers intellectuels utilisant les avantages du numérique, fortement valorisés et bien rémunérés. En d'autres mots, les travailleurs de la logistique au service des travailleurs du logiciel, pour reprendre la distinction du philosophe Pascal Chabot[1]. Et

---

1. Pascal Chabot, « Le coronavirus montre qu'il y a de plus en plus deux humanités », Journal d'un philosophe confiné ; http://chabot.be/journal-dun-philosophe-confine/8/

Une femme française

tout cela au détriment des emplois de la classe moyenne, frappée de plein fouet par la désindustrialisation. L'enjeu des prochaines années est de reconstruire des emplois permettant à la classe moyenne de retrouver des perspectives. L'écologie, l'économie de la santé, le numérique doivent en être les moteurs en s'appuyant sur une industrialisation décarbonnée et une recherche dynamique.

Le travail continue de représenter une valeur importante aux yeux des Français, obsédante même. Mais ce travail n'est toutefois pas vécu de la même manière selon la position sociale que l'on occupe. En la matière, d'ailleurs, c'est plutôt la désorganisation qui règne. En effet, on a d'un côté les « invisibles », c'est-à-dire tous ceux qui n'ont jamais quitté leur poste pendant le premier confinement au risque de leur santé ou de celle de leurs proches. On les a applaudis tous les soirs à vingt heures alors que jusqu'ici ils paraissaient inexistants. Je veux parler des soignants – agents de services hospitaliers, ambulanciers, brancardiers, aides-soignantes et infirmières –, des caissières, des chauffeurs-livreurs, des manutentionnaires, des caristes, des agents de sécurité, des ouvriers du bâtiment ou de l'agroalimentaire, des personnels des établissements sanitaires et sociaux et des services d'aide à domicile, des agents d'entretien, des femmes de ménage, des femmes de chambre, des employés des métiers de bouche, des agriculteurs, etc. Je les cite un peu longuement parce qu'ils représentent – ne l'oublions jamais – celles et ceux qui, tous les jours de l'année, épidémie ou pas, font marcher la société ; ce

Tenir la promesse républicaine

qu'on a appelé « la France du *back office* » et dont on ne parle jamais suffisamment.

À leurs yeux, leur travail représente le seul moyen d'une existence digne. Il n'y a pas d'autre voie, ils y tiennent. Mais ils peinent à en vivre. En effet, ils mènent très peu de combats sociaux communs et n'apparaissent aux yeux de personne, et surtout pas à ceux de leurs employeurs, comme une force unie, une véritable classe sociale qui pèserait suffisamment pour qu'un gouvernement en tienne compte. Résultat, les salaires restent faibles, les heures de travail fragmentées et les conditions dans lesquelles ils exécutent leurs tâches encore trop souvent indignes. Leur travail est particulièrement éprouvant, physiquement et psychiquement. Mais surtout, il est fortement dévalorisé parce que l'on considère ces métiers comme peu ou pas qualifiés.

Pourtant, il serait tout à fait supportable économiquement de relever tous les salaires : par exemple, la CFDT propose une augmentation générale de 15 %.

C'est pour moi une piste solide. D'autant plus que ces travailleurs appartiennent pour la plupart à des secteurs peu concurrentiels et surtout non soumis à la pression internationale – nettoyer, livrer, soigner ne sont pas des activités délocalisables. De plus, ils sont majoritairement salariés du secteur public, parapublic et associatif ou d'entreprises répondant à des appels d'offres publiques. Nous avons donc des marges de manœuvre importantes pour augmenter les salaires et leur permettre d'en vivre dignement, la méthode sera celle du volontarisme politique et du dialogue social soutenu.

Une femme française

C'est l'un des enjeux de la sortie de crise. De ce point de vue, l'accord obtenu en juin 2021 par les femmes de chambre d'un hôtel parisien, après vingt-deux mois de combat aux côtés de la CGT, pour l'amélioration de leurs salaires et de leurs conditions de travail est encourageant. Et plutôt que de vouloir faire travailler tout le monde plus longtemps par la force d'une réforme des retraites indéfendable, il est plus urgent de s'attaquer aux conditions de travail de ces métiers. En effet, « le bruit des machines » y a été sournoisement remplacé par les indications de l'algorithme, si bien que « le silence des Hommes » perdure ; il est celui de la fatigue, de la résignation et du sentiment de ne compter pour rien. C'est pourquoi je veux rendre leur voix et donc leurs droits aux travailleurs essentiels.

Le reste du monde du travail connaît, de son côté, une réalité différente mais pas moins bousculée. On peut la résumer d'une formule : la fin de l'unité de lieu, de temps et d'action du travail. Finie l'époque où les salariés embauchaient et quittaient le travail à la même heure – l'heure de pointe – et passaient leurs heures de travail sur le même site ou dans le même bureau. Dans le monde industriel, puis dans les activités tertiaires et d'encadrement, l'unité de temps avait déjà disparu depuis longtemps ; c'est d'ailleurs ce qui avait conduit, en 2000, le gouvernement de Lionel Jospin à inventer le forfait jour. On reconnaissait ainsi que nous ne savions plus mesurer à la minute près le temps de travail des cadres autonomes. Avec le passage généralisé au télétravail, il y a un an et demi, c'est désormais l'unité de lieu qui est en train de disparaître sous nos yeux.

Tenir la promesse républicaine

C'est un séisme dont nous n'apercevons que les premiers effets mais qu'il va falloir appréhender rapidement afin de les maîtriser. Par exemple, si l'on n'y prend pas garde, l'institutionnalisation du télétravail risque de transformer le droit collectif des travailleurs en de simples droits individuels des citoyens travaillant à domicile.

Est-ce cela que nous voulons collectivement ? En effet, aux conditions de travail, nécessairement communes dans l'entreprise, risque de s'opposer bientôt une somme de situations extrêmement variées selon les conditions de connexion, de logement et les situations familiales. Plus encore, on pourrait tout à fait basculer du salariat, avec son obligation de moyens fournis par l'employeur, à une simple obligation de résultats puisque le salarié sera bien moins présent au bureau sans horaires fixes ni contrôle « à vue ». Mais c'est aussi la logique des travailleurs indépendants. En effet, pour évacuer le contrôle impossible des horaires réels et les redressements Urssaf qui vont avec, certaines entreprises pourraient tout à fait privilégier ce statut d'indépendant plutôt que les contraintes du salariat. C'est déjà la dérive des travailleurs des plateformes pour qui la liberté individuelle se paie d'une accumulation d'heures de travail sous-payées et sans protection collective.

Face à de telles évolutions, le droit du travail se révèle déterminant ; non pour les empêcher, mais pour les encadrer, les réguler et faire en sorte que le monde du travail reste un monde commun avec des références partagées. C'est pourquoi, en matière de lieu de travail, nous devons trouver des solutions créatives.

Une femme française

Les solutions légales et juridiques devront bien entendu être portées par l'État, le Parlement, les partenaires sociaux, mais les innovations vont être forcément locales. À Rennes, par exemple, depuis le 1er juin 2021, « À la bonne heure », un outil collaboratif conçu par la métropole, permet aux salariés de remplir en ligne leurs horaires d'arrivée et de départ du bureau, leurs jours de télétravail, ainsi que leurs modes de déplacement. Les résultats cumulés permettent de visualiser les pics d'affluence, selon les heures et les jours, et de décaler ses horaires en fonction ; les gens se l'approprient dès que leur emploi du temps se stabilise. Par ailleurs, le « chèque bureau », sur le modèle du chèque-déjeuner, est aussi une idée qui se diffuse, portée notamment par les syndicats et les employeurs de l'économie sociale et solidaire. De quoi s'agit-il ? D'une possibilité d'accès à des espaces de travail de proximité (tiers-lieux, espaces de coworking, etc.), plutôt que de travailler seul chez soi dans des conditions hasardeuses. Cela permet ainsi le maintien de la vie sociale des travailleurs à distance et la redynamisation des territoires. Toutes ces initiatives cherchent à répondre aux évolutions structurelles qui ont été accélérées par la crise sanitaire et le télétravail. Celui-ci a eu un impact fort sur le management puisque l'autonomie des salariés s'est particulièrement renforcée. Au point que la vieille notion de subordination vacille à son tour.

Traditionnellement, le contrat de travail était régi par une double subordination, la subordination juridique qui soumet le salarié à des devoirs (avec des droits en contrepartie) et la subordination hiérarchique qui le

Tenir la promesse républicaine

soumet aux ordres de son supérieur. Chef de service, de bureau ou d'atelier, celui qu'on appelait « le petit chef » a toujours été moqué mais respecté puisqu'il donnait et organisait le travail. Mais l'aspiration commune de tous les salariés depuis une cinquantaine d'années a été de se libérer d'un management trop directif. C'était déjà le cri de révolte des ouvriers sur les chaînes de montage lors des grandes grèves de mai-juin 1968, c'était l'ambition des lois Auroux en 1982 et c'était l'objectif aussi des négociations sur les trente-cinq heures au tout début des années 2000 : réduire le temps de travail afin de pouvoir embaucher mais aussi de s'organiser et de travailler autrement. La gauche n'a pas pu aller au bout de ce programme ; il est donc temps de renouer là aussi ce fil de l'émancipation par l'autonomie au travail.

En effet, depuis une dizaine d'années, le retour du questionnement sur le rôle et le sens du travail a remis ce projet à l'honneur. Mais l'économie numérique, notamment celle des plateformes, a opéré de ce point de vue un tour de passe-passe inquiétant : prétextant ce besoin d'autonomie, elle a agité une promesse de liberté grâce à l'indépendance juridique – la plupart du temps, celle de l'auto-entrepreneur –, sans remettre en cause la subordination hiérarchique qui précisément posait problème.

Les travailleurs des plateformes, comme les livreurs ou les chauffeurs, les travailleurs du clic et tous ceux qui effectuent des micro-tâches sur les sites internet, ou encore les travailleurs indépendants dans le domaine numérique, quasiment tous sont en réalité économiquement et hiérarchiquement dépendants ; soit d'un donneur d'ordre

Une femme française

soit d'un logiciel qui organisent leur activité et leur dictent leur rythme ou leur lieu de travail, sans la contrepartie d'un salaire minimal et de droits collectifs. Rien à envier au bout du compte au petit chef qui lui, au moins, était à portée d'engueulade et connaissait le travail.

Je le dis solennellement, la liberté promise par le libéralisme n'est pas l'autonomie défendue par la République, y compris au travail. Et cela vaut pour tous, travailleurs des services, souvent externalisés et sous-traités, travailleurs du numérique ou salariés passés en télétravail forcé depuis un an et demi. Bien au contraire, nous avons besoin de règles collectives qui agissent comme autant de protections juridiques et garantissent que l'autonomie nouvellement gagnée ne fasse basculer personne dans l'indépendance dérégulée.

C'est le sens même du droit du travail depuis son origine, une conquête de la gauche républicaine s'il en est. À nous d'écrire les nouvelles pages du Code du travail au XXIe siècle, grâce auxquelles pourront s'épanouir travailleurs essentiels et salariés de l'économie numérique. Mais la tâche n'en incombe pas qu'au politique ; c'est aussi le rôle du syndicalisme et du dialogue social.

Alors que je n'ai jamais été membre d'un syndicat étudiant, j'ai adhéré à la CFDT lorsque j'ai commencé à travailler en 1982. C'était un engagement évident autant dans mon milieu familial que dans mon environnement professionnel, à l'inspection du travail. Le respect de la dignité et des droits des salariés est certes encadré par la loi, mais il est concrètement porté et défendu par les organisations syndicales.

Tenir la promesse républicaine

Frappées, comme les autres corps intermédiaires, par une forme de désintérêt, encore trop souvent regardées avec suspicion par les employeurs, et éprouvant des difficultés à entrer en contact avec les travailleurs des services, dont les horaires et les lieux de travail sont particulièrement éclatés, ces organisations sont pourtant essentielles à la respiration démocratique. Elles sont là pour représenter les salariés, mettre en forme leurs attentes vis-à-vis de leur travail et de l'avenir de l'entreprise, puis négocier pour que ces aspirations soient prises en compte. Je l'ai déjà souligné, je crois profondément au dialogue social. C'est même la seule voie pour transformer la société à tous les niveaux, dans les entreprises et sur les territoires. De ce point de vue, nous avons donc autant besoin de partenaires sociaux que de partenaires territoriaux ; ce sont en quelque sorte les articulations ou les roulements à billes de la société, ils permettent à celle-ci de se transformer sans rompre. Mais encore faut-il en tenir compte, ce qui n'a pas été le cas jusqu'ici avec le pouvoir actuel qui a tenu syndicats et élus locaux en lisière des décisions, corps intermédiaires renvoyés à un soi-disant ancien monde, jugés à tort inutiles dans le nouveau.

Joe Biden dit aux Américains : « Syndiquez-vous ! » Sans syndicalisme il est difficile de faire progresser les droits des travailleurs. Alors oui, syndiquez-vous !

Comme je l'ai indiqué, j'apprécie, lors de mes différents déplacements, de pouvoir me rendre dans des entreprises, de visiter les ateliers et d'échanger avec les salariés. Mais je prends toujours soin d'avoir une rencontre avec les représentants syndicaux, s'ils l'acceptent.

Une femme française

Nous nous réunissons généralement à l'écart de la direction ; ils m'apprennent alors beaucoup de choses sur la réalité de l'entreprise que je viens de voir. Et je suis toujours frappée de l'intelligence sociale et économique qui émane de ces hommes et de ces femmes qui défendent eux aussi leur entreprise et donc leur outil de travail ; je suis à leur écoute. Et je retrouve, dans ces occasions également, des réflexes d'inspectrice du travail : avoir l'œil sur les gestes du métier dans l'atelier ou sur la chaîne, savoir écouter et attendre que se formulent les explications, les craintes ou les attentes, poser des questions, et surtout faire confiance à l'intelligence et à l'expertise des partenaires sociaux.

Cela a été le cas, à la fin du mois de mars 2021, lors de ma visite à l'usine Renault de Flins, là où se fabrique une partie des Zoe électriques. Le site est en pleine transformation pour devenir, en Europe, l'un des premiers lieux industriels à émissions de carbone négatives, dédié à la mobilité et à l'économie circulaire. Cela signifie qu'après des reconversions et des formations, les ouvriers se consacreront à recycler les batteries électriques et à réaménager des voitures d'occasion sur une usine qui devient peu à peu une véritable plateforme logistique. La direction de Renault fait montre ici d'un nouvel esprit industriel qui, plutôt que de fermer un site inadapté à l'évolution des usages, le transforme et l'adapte. Mais ce jour-là, pour les syndicats, l'enjeu est ailleurs. Car dans le projet de Renault, l'usine de Flins doit s'arrêter de produire des voitures neuves au profit de celle de Douai dans les Hauts-de-France et donc réduire, par la même

Tenir la promesse républicaine

occasion, le nombre d'emplois total. Autant le projet de la direction semble séduisant dans son ensemble, et notamment sur sa dimension écologique, autant l'analyse des organisations syndicales est implacable : le développement des véhicules électriques est en plein essor. Il est porté autant par l'évolution des villes qui investissent dans les infrastructures – j'ai, par exemple équipé la flotte municipale de Zoe à Paris – que par l'évolution de la ruralité où les stations-service ferment les unes après les autres. Il faudra donc plusieurs millions de Zoe par an d'ici quelques années. Or, la seule usine de Douai ne pourra en produire que trois cent mille. Résultat, il sera alors nécessaire d'en importer d'autres pays où Renault possède aussi des usines. Pourquoi se priver de cette production à Flins ? Pourquoi réduire l'emploi en France ? Est-ce cela la réindustrialisation et la relocalisation de la production ? Les syndicats me remettent alors un dossier complet et structuré ; ils comptent sur moi pour appuyer leur démarche.

Si je prends le temps de détailler cet exemple, c'est qu'il me paraît emblématique du besoin de dialogue social et territorial au cœur de la transition écologique. Je rencontre en effet un grand nombre d'élus, de présidents de régions ou de maires particulièrement impliqués sur les choix industriels. Ils voient bien où sont localisés la production et donc les emplois et quelles sont les évolutions en cours. Mais cette intelligence territoriale ne rencontre malheureusement plus de véritable volonté nationale : il n'y a plus de ministère de l'Industrie ; les présidents de région ont ainsi pris le relais.

Une femme française

Je plaide donc pour un véritable quadripartisme à l'échelle des régions, en matière d'emploi et de développement industriel, avec l'État, les syndicats, les directions d'entreprise et les conseils régionaux ou les métropoles. Si le rôle de l'État est de coordonner, celui des élus locaux est de ramener la prise de décision au niveau de l'impact qu'elle peut avoir sur les territoires dans la vie réelle des gens ; cela afin que le dialogue social porte sur des solutions gagnantes pour l'emploi, pour le développement industriel mais aussi pour notre souveraineté.

C'est pourquoi la représentation des travailleurs devrait également évoluer pour donner une place plus importante dans les bassins d'emploi à ceux qui y exercent leur activité, quels que soient leur statut mais aussi la nature ou le type d'entreprise. Dans le cas de Renault, l'analyse à courte vue n'est pas permise : il ne faudra plus très longtemps pour que soit mise en place une tarification du carbone comme l'a recommandé la COP21 et aujourd'hui l'Union européenne.

Si bien que le coût des productions externalisées hors de notre pays va nécessairement augmenter ; résultat, les choix qui apparaissaient non rentables hier – comme poursuivre l'assemblage et la production de voitures électriques à Flins – le seront beaucoup plus demain. Réussir la transition nécessite maintenant de pouvoir peser sur ces choix industriels ; et c'est donc aux partenaires territoriaux et sociaux, c'est-à-dire aux élus locaux avec l'aide des syndicats et des entreprises, qu'il revient de le faire. C'est ce que m'ont dit les syndicats de la métallurgie en Auvergne que j'ai rencontrés

Tenir la promesse républicaine

avec Olivier Bianchi, le maire de Clermont-Ferrand.
Transformations industrielles et bouleversements du travail sont donc en train de reconfigurer l'aménagement même des territoires.

Les territoires au travail

Plus d'un tiers des personnes en situation d'emploi ayant continué à travailler au cours de la crise sanitaire font désormais l'expérience quotidienne du télétravail. Au cours du mois de mars 2020, cette proportion a été atteinte en seulement quelques semaines, multipliant soudainement par quatre le nombre habituel de télétravailleurs. C'est non seulement une révolution, mais aussi la preuve que des changements collectifs sont possibles rapidement si on le décide vraiment ; brusquement certes, dans la précipitation mais sans panique excessive.

La réussite de cette mutation et le passage d'un télétravail forcé à un télétravail négocié sont un véritable encouragement, notamment sur le front de la transition écologique. Mais pas uniquement, car tout cela implique aussi une transformation de notre rapport aux territoires et à la façon d'y habiter et d'y travailler.

Depuis la fin de la Seconde Guerre mondiale et la reconstruction, portée par la croissance économique et le baby-boom, la ville dense et haute a été notre unique modèle urbain ; comme dans les banlieues et les villes nouvelles. C'est ce que l'on a appelé la métropolisation, favorisée aujourd'hui par l'économie de services. Toutes les activités à haute valeur ajoutée se sont concentrées en ville et la vie y est devenue petit à petit hors de prix. Résultat, le logement et l'accession à la propriété des familles modestes – symbole de leur promotion sociale – n'a pu avoir lieu que dans les territoires périurbains à distance de leurs lieux de travail, là où le foncier est peu cher. En effet, aucune politique de logement social ne prévoit un lien entre lieux de travail et d'habitation. Il faut qu'une institutrice, une aide-soignante ou un vigile puissent loger avec leur famille à proximité d'une école, d'un Ehpad ou d'un grand magasin. Mais la structure des revenus dans ces professions, qui font pourtant tourner l'économie des villes, ne permet pas d'habiter à proximité de son travail. Tout ceci a généré petit à petit un mode de vie particulier fondé sur la propriété d'une maison avec jardin, l'activité des deux conjoints et la possession d'au moins deux voitures pour pouvoir travailler et faire ses courses. Ou alors, pour les populations modestes ou d'origine étrangère surtout, l'entassement dans les banlieues qui se sont professionnellement spécialisées vis-à-vis des métropoles : les livreurs sont devenus les pourvoyeurs de nos biens de consommation et les chauffeurs de nos déplacements ; quant aux aides à domicile, aux femmes de ménage ou aux aides-soignantes, elles assistent nos aînés, notre bien-être et notre santé.

Cette manière de vivre est la conséquence directe d'un mode de développement et d'une économie. Et la mobilité géographique et professionnelle qui en a résulté n'a pas permis que ces familles s'enracinent entièrement dans une vie locale et démocratique. On l'a bien vu au

Tenir la promesse républicaine

moment de la crise des Gilets jaunes. Ceux-ci venaient quasiment tous de ces territoires périurbains dont les maires me disaient alors qu'il s'agissait de citoyens qu'on ne voyait pas habituellement ou qui ne faisaient jamais parler d'eux. De fait, ces gens habitent à une heure de Bordeaux, de Lyon ou de Paris. En 2018, ils ont fait société autour des ronds-points, devenus pour l'occasion des lieux politiques improbables mais éphémères.

Pourtant, les Français ont toujours plébiscité la ville moyenne et horizontale, faite d'immeubles plus petits, de maisons de ville, d'une alternance de jardins et de parcs, d'une vie associative et culturelle riche ; un mode de vie à distance de la promiscuité du village et de l'anonymat de la métropole. Si bien que l'on compte, en France, plus de maisons avec jardin que d'appartements.

De fait, quand ils commencent à fonder une famille, les Français quittent les grandes villes. Toutefois, l'ensemble de ces dynamiques pourrait être totalement modifié par la crise sanitaire et le développement irréversible du télétravail. En effet, celui-ci tend à redistribuer entièrement les cartes des dynamiques territoriales. Et depuis un an, les villes moyennes, à une heure ou une heure et demie de train des métropoles, suscitent un engouement nouveau. Ce modèle tant désiré n'a pas que des vertus, il peut être source d'un étalement urbain qui est une aberration écologique. Là encore il nous faut promouvoir une urbanisation équilibrée entre zone dense et périphérie pour limiter, faciliter les déplacements grâce à des transports propres et contenir l'artificialisation des sols. Bref, un modèle durable et humain.

Une femme française

Nous avons sans doute ici une chance historique de contribuer au rééquilibrage entre les métropoles et les espaces périurbains : dans les premières, en effet, il est urgent à la fois de réduire la pression, de faire respirer et rafraîchir la ville, tout en permettant à un plus grand nombre de travailleurs des services de pouvoir s'y loger à proximité du lieu d'exercice de leur activité. C'est ce que j'ai commencé à faire à Paris en permettant aux personnels municipaux, de pouvoir y habiter plus facilement et en imposant l'encadrement des loyers. Et même s'il a fallu se battre pied à pied et en passer par la loi, j'ai réussi à imposer cette mesure. Elle ne fait pas tout mais elle va dans le bon sens et intervient directement sur le marché de l'immobilier qui ne dépend pas du maire. Il faut poursuivre.

Le maire, quant à lui, intervient dans la construction de logements à prix modérés. Les logements sociaux représentent environ 23 % des logements à Paris. Ils permettent à plus de six cent mille personnes de vivre dans le cœur de la ville grâce à un loyer plus faible. 70 % des Parisiens sont éligibles à ces logements du fait de leur revenu. Le manque de soutien de l'État vis-à-vis des communes dans l'investissement pour le logement se payera malheureusement cher. Je ne crois pas que le logement soit un marché comme un autre ; il nécessite une forte régulation publique. De ce point de vue, autant est-il presque logique qu'un entrepreneur devienne riche en vendant sa start-up puisque cela représente pour une part le fruit d'un travail, autant les plus-values immobilières sont avant tout le produit du temps et surtout de l'investissement public.

Tenir la promesse républicaine

En effet, il suffit au propriétaire d'attendre que la puissance publique investisse aux alentours dans l'embellissement et la tranquillité des rues, les transports publics ou l'offre scolaire et culturelle pour que le logement prenne de la valeur. En tirer un profit sans que celui-ci rétribue aussi l'investissement public est dès lors un problème car aujourd'hui les finances locales n'organisent plus de retour sur investissement pour les communes.

En matière sociale et écologique, l'aménagement du territoire est essentiel et il est porté aujourd'hui par une nouvelle géographie du travail et non par une stratégie qui croiserait vision nationale et vision locale. En effet, selon une étude du Centre Inffo de février 2020, 47 % des salariés seraient en transition professionnelle (formation ou reconversion). Près d'un quart des habitants des grandes villes (23 %) disent vouloir s'installer ailleurs ; c'est plus d'un sur trois pour les jeunes actifs[1]. La tendance en est encore à ses débuts mais si elle se confirme, c'est toute l'économie régionale qui peut être reconfigurée. De fait, des signes encourageants émanent depuis quelques années de tous ces territoires en périphérie des centres urbains. En effet, avec la révolution numérique, ceux-ci sont confrontés à une grande transformation qui les modifie en profondeur et s'est renforcée avec la crise. Ce qui redonne espoir.

Le rattrapage numérique est indispensable partout en France ce qui est loin d'être le cas. L'aménagement du

---

1. Baromètre de la formation et de l'emploi 2021 (Centre Inffo/CSA) et Baromètre des territoires 2020.

Une femme française

territoire a toujours été l'un des grands outils de la fabrique de l'identité et de l'économie française. Pourtant, au milieu des années 1980, l'ambition a commencé à s'étioler, au point que l'expression elle-même a disparu. C'est cela qui est généralement dénoncé lorsqu'on parle d'abandon par l'État ; quand bien même des mesures compensatrices peuvent mobiliser de nombreux crédits. Dans beaucoup de régions, heureusement, les collectivités territoriales ont alors volé au secours d'un dynamisme nouveau, celui de l'attractivité des zones côtières, des villes proches d'une gare TGV ou de l'ensoleillement méridional...

L'idée d'équilibre des territoires s'est perdue. Résultat, alors même que les familles venaient s'y loger, les territoires périurbains ont été laissés en marge de cette nouvelle révolution numérique. Et par conséquent, ils se sont retrouvés relégués loin des activités qui lui sont liées. Alors que le Web a commencé à s'installer dans les années 1990, il a fallu attendre 2017 pour que les opérateurs soient contraints d'assurer une réelle égalité numérique sur tout le territoire. Et le déploiement de la 5G doit impérativement être mis au service de l'égalité. Tous ces territoires ont commencé à rattraper leur retard et le phénomène du télétravail massif accélère d'un seul coup le mouvement : il suffirait de se connecter pour travailler et permettre aux activités de se développer.

La nouvelle couverture numérique a d'abord révélé la capacité de mettre en réseau la colère. À travers des groupes Facebook locaux de Gilets jaunes ou d'opposants aux limitations kilométriques, voire de militants anti-masques puis anti-vax... Sans numérique, en effet, pas

Tenir la promesse républicaine

de Gilets jaunes, pas d'occupation des ronds-points, pas de manifestation, etc. Mais parallèlement, pas non plus d'activités nouvelles, de celles qu'on voit se développer bon gré mal gré autour de la relocalisation de l'activité. La croissance est d'abord locale, écologique et appuyée sur la solidarité de proximité. Toutes ces activités nouvelles soutiennent le lien social. Car vivre ensemble ne se décrète pas ; avant tout, il faut d'abord agir ensemble. Hier comme aujourd'hui, c'est l'activité et le travail qui intègrent. C'est pourquoi les réponses au malaise territorial sous la forme de maisons des services publics, remplacées cette année par le guichet unique de France Services, me paraissent ne faire que la moitié du chemin dans la bonne direction. Ce n'est pas inutile mais c'est tellement insuffisant. C'est la moindre des choses que d'être à moins d'une demi-heure d'un service public. Mais de tels équipements et services sont d'abord pensés pour traiter et simplifier des demandes ou des parcours administratifs. L'usager ne fait qu'y passer, il ne s'y installe pas pour parler, travailler, créer et s'associer avec d'autres. Ces lieux du lien social n'en sont donc pas tout à fait car ils ne créent pas d'activité, pas de solidarité concrète. Ils ne participent en rien à la transition dont je viens de parler : transitions numérique, écologique, sociale et celle du travail.

À ce sujet, une étude du Conseil d'analyse économique de janvier 2020[1] m'a particulièrement frappée :

---

1. Yann Algan, Clément Malgouyres et Claudia Senik, « Territoires, bien-être et politiques publiques », *Les notes du Conseil d'analyse économique*, n° 55, janvier 2020.

Une femme française

elle montre que les communes qui ont perdu un lycée, une librairie, un cinéma ou des équipements collectifs comme des commerces alimentaires (bar-tabac, supérette) ont été plus fortement frappées par la mobilisation des Gilets jaunes sur leur territoire.

Pareil en ce qui concerne la fermeture des équipements de santé. Plus généralement, on peut constater que la perte du lien social, à travers la disparition de ces lieux de socialisation, participe largement au mal-être des territoires. En revanche, le mécontentement est plus rare là où les maires ont pu soutenir fortement le tissu associatif local et l'ouverture de tiers-lieux – près de trois mille aujourd'hui en France –, le développement d'espaces de coworking, la naissance de lieux culturels sur des friches industrielles ou administratives ainsi que la multiplication de jardins et de chantiers d'insertion... Si bien que les auteurs écrivent : « À l'aune des résultats de notre étude, nous considérons que l'objectif des politiques territoriales doit être repensé pour viser davantage la qualité de vie et les critères de bien-être de la population, au-delà des seuls objectifs économiques. L'action de l'État doit accompagner les politiques conçues au niveau local, avec mise à disposition de son expertise au service d'expérimentations locales. » On ne saurait mieux exprimer l'ambition du Big Bang territorial que je préconise, les maires représentant une proximité qui ne peut plus être ignorée. Ils font tenir le pays.

4

Pour une République écologique

Je suis profondément écologiste. Mon engagement pour la transition énergétique et la lutte contre le réchauffement climatique n'est pas seulement théorique. Je l'ai mis en œuvre concrètement dans une politique locale ambitieuse : adapter la ville aux défis du climat. À cette fin, en juillet 2019, sur le modèle d'autres cités dans le monde, j'ai déclaré « l'état d'urgence climatique » à Paris. Ce qui s'est traduit, après la piétonisation des berges de la Seine, par une accélération des projets de végétalisation des rues et des places parisiennes, la montée en puissance de la production énergétique locale ou donner plus de place au vélo et à la voiture électrique. Il s'agissait pour moi d'accélérer la transition afin de tenir, à notre niveau, les objectifs de l'accord de Paris en 2015, et de réduire les émissions de CO_2 et la pollution. Plus largement, l'heure d'une nouvelle révolution industrielle a sonné, celle de l'économie zéro carbone ; je m'y suis donc résolument engagée.

Une femme française

L'écologie au-delà des partis

Pendant longtemps, ce combat a été porté par les Verts. À partir du milieu des années 1970, ils ont amené dans le débat public des idées qui n'étaient pas à l'agenda politique. J'avais 15 ans lors de l'élection présidentielle de 1974, mais je me souviens très bien de la voix prophétique de René Dumont qui, un verre à la main, annonçait que l'on manquerait bientôt d'eau. Alors même que l'opinion commençait tout juste à comprendre ce que signifiait le choc pétrolier de l'année précédente, il avait raison.

Ce faisant, l'écologie politique portée aussi par la deuxième gauche a réussi à imposer ses idées contre une culture politique dominante et des modèles économiques productivistes fondés sur l'exploitation des énergies fossiles. La démocratie, la République par le cadre qu'elles posent nous aident dans ce combat du XXIe siècle. Celui-ci est d'abord fondé sur la raison, la délibération commune et les valeurs d'autonomie et de liberté de conscience que j'ai rappelées dans les chapitres précédents. L'écologie n'est ni une croyance ni un dogme. Et les principes de la philosophie des Lumières ne me semblent ni obsolètes ni dangereux pour accompagner la transition écologique ; c'est en réalité la solution majeure pour qu'émerge un consensus historique, scientifique et populaire autour de l'urgence environnementale.

Autant de leçons que sont venus rappeler récemment des philosophes comme Stéphanie Roza, Corine Pelluchon et Serge Audier, ou encore ce collectif de

Pour une République écologique

40 jeunes auteurs indiquant la voie d'une République écologique.

L'écologie n'appartient ni à un seul parti ni ne constitue un programme à elle seule. C'est d'abord une interrogation sur notre propre existence collective et sur les interdépendances que nous entretenons entre nous et avec l'immense diversité du vivant ou avec les équilibres de la planète. L'écologie est aussi et surtout un moteur puissant pour transformer en profondeur notre économie et nos sociétés.

Mais elle doit s'inscrire dans une culture politique, une histoire collective et un cadre commun. L'écologie représente tout autant une question sociale qu'une question industrielle et scientifique. Elle est au cœur de la lutte contre les inégalités. Elle doit donc être traitée comme telle. Sur le plan des principes, il faut compléter la constitution pour l'avènement d'une véritable République écologique qui consacre le vivant, notre responsabilité vis-à-vis des générations futures et la justice climatique. Le discours incantatoire court le risque comme toujours de ne produire au bout du compte que de la déception. Je m'inspire tous les jours des travaux des scientifiques, tout particulièrement des travaux du Giec et de Jean Jouzel. Ses conseils guident mon action et ma réflexion.

Il ne s'agit pas de déclarer la République pour qu'elle advienne. Il faut qu'elle tienne aussi la promesse de transmettre à nos enfants et petits-enfants une planète sûre et vivable sans que ceux-ci se résignent à vivre moins bien que nous. Nous léguons aujourd'hui une

Une femme française

dette écologique que personne ne chiffre, car on ne s'intéresse qu'au court terme. Cette dette, nos enfants devront la rembourser. Je ne m'y résigne pas. Notre génération aujourd'hui aux responsabilités doit cesser de fermer les yeux. Le temps presse, le quinquennat qui vient est décisif, ne nous trompons pas.

L'équation est simple mais redoutable à résoudre. Surtout elle nous invite à sortir rapidement de la question « Pourquoi l'écologie ? » Cette question n'a plus besoin d'être expliquée. Aujourd'hui, et pour les cinquante ans qui viennent, la question est « Comment ? » ; « Comment transformer notre économie, nos modes de vie grâce à l'écologie ? » Donc nous devons enfin passer du « pourquoi » au « comment » ; une voie pour cela : agir local.

Agir local

En effet, la République écologique doit faire face à un paradoxe quant à sa promesse : d'un côté, la préoccupation environnementale s'appuie sur l'idée que la lutte contre le changement climatique ne peut être gagnée que si chacune et chacun d'entre nous se mobilise et contribue à l'évolution de nos pratiques ; c'est impératif. Mais d'un autre côté, rien ne se fera sans le politique qui doit poser le cadre, prendre des risques, rechercher du consensus, orienter les moyens, mobiliser toutes les énergies, porter enfin une vision, ce qui suppose du courage.

Pour une République écologique

Le consensus obtenu sur la maîtrise des effets du réchauffement climatique à long terme doit être fortement complété d'une assurance à court terme : la certitude que cette mobilisation pour le climat ne dégradera pas la qualité de la vie et n'accroîtra pas les inégalités. Notamment pour les catégories populaires qui n'ont pas toujours le choix de consommer selon des normes écologiques ou d'adopter un mode de vie plus sobre en CO_2 ; les gestes individuels considérés comme « responsables » ne sont en réalité aujourd'hui pas accessibles à tous. Ce qui nous ramène une nouvelle fois à la question sociale. Comment s'assurer que les changements de comportement ne génèrent pas plus d'inégalités entre ceux qui ont accès à une vie de bonne qualité et les autres ? Comment faire en sorte que les solutions mises en œuvre pour atténuer le changement climatique et s'y adapter entraînent aussi une véritable réduction des inégalités ? C'est en cela que l'écologie est d'abord sociale.

De ce point de vue, ni la décroissance d'un côté, ni l'écologie libérale de l'autre ne sont à même de résoudre cette question. En effet, la décroissance n'offre aucune garantie aux citoyens de pouvoir s'épanouir grâce à un emploi ou une activité qui auraient du sens pour eux et pour la collectivité. Mais s'en remettre au marché et à ses solutions techniques ne garantit pas un avenir plus tranquille. Je crois au contraire à une écologie sociale et populaire mais aussi industrielle et responsable. Celle de l'énergie locale, d'une alimentation de qualité, diffusée et consommée en circuits courts, mais aussi celle

Une femme française

qu'apporte le logement mieux isolé ; celle, enfin, de la relocalisation de la production, inséparable de cette transition. À chaque fois, les entreprises, les classes moyennes et populaires doivent être parties prenantes de ces évolutions et en constater les bénéfices pour elles-mêmes.

Le premier devoir d'une République écologique sera de mobiliser et de cultiver des citoyens éclairés sur les enjeux climatiques, mobilisés sur l'objectif de la transition énergétique, confiants dans les effets de celle-ci car égaux devant les efforts à fournir et les bienfaits à en attendre. Une République écologique qui ne favorise pas seulement les mieux lotis tout en laissant s'enfoncer les autres ; une République écologique qui ne privilégie pas ceux dont le présent est garanti, mais qui s'angoissent de l'avenir, au détriment de ceux qui s'angoissent du présent mais ont du mal à concevoir leur avenir.

C'est pourquoi la République écologique prend un visage bien particulier, celui des solutions locales ; le seul niveau susceptible d'articuler deux réalités d'importances égales. D'un côté, le cadre posé par l'État sur le temps long des engagements de la France – à travers l'investissement, la fiscalité, les programmes européens, les accords internationaux comme l'accord de Paris, la réglementation ou les normes – et d'un autre côté, la mobilisation quotidienne des citoyens qui veulent faire changer les choses. C'est en effet au niveau local que se pose la question des filières d'avenir, des stratégies de transition, de conversion et de rénovation énergétique. Mais c'est là aussi que s'élabore une nouvelle relation au vivant lorsque chaque bassin de vie se sent responsable de la biodiversité qu'il a héritée de son milieu naturel. J'ai pu le constater lors de mon tour de France : les collectivités locales grandes ou petites, rurales ou très urbaines se sont d'ores et déjà totalement emparées de la question écologique, partout en France.

À Paris, la transcription au niveau local des accords internationaux sur le climat de 2015 a donné lieu à un plan se fixant l'objectif de 100 % d'énergies renouvelables en 2050 dont 20 % produites sur place. C'est ambitieux mais réalisable ! En effet, avec un ensoleillement conséquent, Paris a la possibilité de produire de l'énergie solaire. La Ville possède également des gisements pour exploiter l'énergie des sous-sols et développera bientôt des systèmes de récupération d'énergie, pour la chaleur par exemple. Le budget participatif, que j'ai lancé à partir de mon élection en 2014, a permis de privilégier l'idée de « quartiers populaires à énergie positive » ; ce qui se traduit par un soutien à la création de coopératives d'énergies renouvelables. Sur l'ensemble du grand Paris, celles-ci proposent aux habitants de s'associer pour produire de l'électricité en devenant membre d'une structure qui installe, finance et exploite de petites centrales photovoltaïques.

Mais on retrouve ce type d'initiatives un peu partout en France, comme à Quimper. Dans cette pointe de la Bretagne, l'entreprise Entech utilise depuis 2016 les ressources renouvelables du solaire, de l'hydrolien et de l'éolien pour développer la conversion d'énergies à travers des réseaux intelligents (*smart grids*) et ainsi

Une femme française

mieux gérer le stockage des énergies renouvelables, la production et la distribution de l'électricité.

On le constate, les collectivités visent de plus en plus l'autosuffisance énergétique. À la différence des grands projets des années 1970, nucléaires notamment, qui consistaient à installer, à partir d'une décision nationale, des infrastructures lourdes sur des territoires, la révolution énergétique en cours est inverse. À partir d'un mix énergétique local, souvent régional, c'est l'ensemble du territoire qui devient alors responsable de la production et de la consommation, qui peuvent être dans les mains d'acteurs locaux. Cela, l'État doit le porter, le coordonner et bien sûr le réguler car toutes les régions ne sont pas égales en matière de production énergétique. Cette révolution énergétique territoriale se développe sous nos yeux. Ce qui induit nécessairement un nouveau rôle pour l'État, pour l'Europe et pour la communauté internationale. Il nous faut donc agir local, mais aussi penser global et retrouver la voix singulière de la France à l'international.

La voix singulière de la France

Je suis profondément attachée à la voix singulière de la France dans le concert des nations, et à son indépendance. Cette voix singulière, il y a mille lieux où l'entendre : à l'ONU, lors de déplacements à l'étranger lorsque vos interlocuteurs viennent à vous pour l'entendre, dans les couloirs de la Commission européenne, pendant la campagne de candidature de Paris aux Jeux

Pour une République écologique

olympiques, premiers jeux sobres et durables au sein des réseaux de villes auxquels Paris contribue ou qu'elle préside. J'en ai très tôt saisi les premières notes dans ma vie politique et, depuis que je suis maire, j'ai eu à de nombreuses reprises l'occasion d'en prendre la mesure et parfois d'y ajouter mes propres intonations.

Cette voix singulière tient un peu à la spécificité de Paris qui, non content d'abriter un nombre conséquent d'organisations internationales (OCDE, Unesco, OIF), joue un rôle central dans l'histoire des relations internationales.Trois grandes déclarations à la portée universelle y ont été rédigées et votées : la Déclaration des droits de l'Homme et du citoyen en 1789, la Déclaration universelle des droits de l'Homme en 1948 et enfin les accords de Paris pour le climat où, sous le marteau en bois de Laurent Fabius, les États ont pris les premiers engagements contraignants pour réduire les émissions de CO_2 et atteindre la neutralité carbone à l'horizon 2050. C'était en 2015 et j'étais maire. J'avais décidé de réunir mille maires en marge de la Cop21 pour entraîner les villes du monde entier dans ce défi qui était avant tout le leur puisque les villes concentrent la majorité de la population mondiale et l'essentiel des pollutions atmosphériques.

Mais c'est en leur sein que se trouvent également les financements nécessaires à la transition écologique et les solutions qui permettent d'entrevoir les changements rapides que nous devons effectuer pour éviter que l'irréversible ne se produise. Cette dimension cruciale des villes avait échappé au gouvernement français

Une femme française

comme au secrétariat général de la COP ; les villes et gouvernements locaux, comme on dit dans le monde anglo-saxon, sont à la fois trop nombreux et trop indépendants pour certains, malaisés à mettre au pas. Et pourtant sans elles, les COP n'aboutissent qu'à des engagements de papier, comme on parlait autre fois de « tigre de papier » pour tourner en dérision la puissance américaine en Asie au milieu des années 1960-1970.

Les organisations internationales ou multilatérales l'ont compris depuis une petite dizaine d'années, mais elles peinent à faire admettre à leurs États membres qu'il faut intégrer les villes dans les processus décisionnels. Certaines comme l'OCDE avec le programme des maires champions de la croissance inclusive, et l'ONU avec CGLU et avec le C40 en ont cependant compris l'intérêt. Angel Gurría, ami de longue date et secrétaire général de l'OCDE jusqu'en juin 2021, l'avait parfaitement compris et nous sollicitait régulièrement tout en nous fournissant les travaux et études nécessaires à l'élaboration de nos politiques publiques. C'est lui qui m'a remis un rapport sur les classes moyennes dans les pays développés, lequel a été décisif dans ma prise de conscience qu'un décrochage des classes moyennes faisait peser de graves risques sur nos démocraties.

António Guterres, actuel secrétaire général de l'ONU, plaide même pour une alliance des métropoles et des organisations multilatérales pour relever le défi de la crise climatique. Une semaine avant le sommet de Washington où j'étais invitée à prendre la parole aux côtés des chefs d'États et de gouvernements, j'ai échangé avec lui. Avec la franchise qu'on lui connait, António Guterres nous a fait part de ses craintes de voir les États échouer. Nous étions une petite dizaine de maires de métropoles mondiales du C40 autour de lui lorsqu'il nous a affirmé que sans le multilatéralisme des villes les accords de Paris resteraient lettre morte. C'était à la fois une grande responsabilité et la reconnaissance de ce que les villes du C40 avaient accompli.

La Commission européenne est, pour l'instant, passée un peu à côté du rôle des villes et découvre tardivement que son plan de relance aura du mal à aboutir, ou simplement à voir les fonds alloués bel et bien utilisés, si les villes ne sont pas impliquées. Nous en avons parlé avec le Premier ministre portugais António Costa en marge du sommet social européen de Porto (où pour la première fois les villes étaient conviées, représentées par Darion Nardella, le président d'Eurocities et maire de Florence, et moi-même). Cela n'a rien d'illogique lorsque l'on sait que les métropoles portent l'essentiel des dépenses sociales. Ancien maire de Lisbonne avec lequel j'entretiens une relation amicale étroite et nourrie de nombreux échanges, António Costa sait bien que les politiques européennes ne toucheront les citoyens que si les villes sont impliquées.

Ce rôle des villes ne résulte d'aucune pensée magique. C'est une question d'échelle comme disent les géographes. L'échelle urbaine est celle de l'action. La ville métropole est le meilleur échelon possible pour implémenter des politiques publiques et impliquer les citoyens qui doivent voir des résultats tangibles pour s'engager

Une femme française

dans ce qui peut apparaître comme des contraintes supplémentaires. Ce que nous avons vu avec la crise sanitaire vaut tout autant pour la crise climatique.

Et ce qui vaut en France vaut ailleurs dans le monde, dans les pays développés comme dans les pays en développement. Les États n'ont pas d'autres solutions s'ils veulent réussir la transition écologique rendue nécessaire par la crise climatique que de collaborer avec leurs métropoles. Autant le faire en bonne intelligence et en regardant ce qu'elles ont déjà accompli.

Lorsque l'Union européenne affirme la fin des véhicules à moteur thermique, elle ne fait que suivre ce qu'un grand nombre de villes européennes et mondiales ont annoncé depuis de nombreuses années, parce que la pollution par les microparticules tue et entraîne de graves maladies respiratoires. Paris a fixé à 2024 l'interdiction du diesel dans ses rues et à 2030 la fin des moteurs thermiques. Ni les mesures ni le calendrier ne sont originairement ceux des États. Ce sont des villes qui ont établi des projections, dialogué avec les scientifiques, échangé parfois avec force avec les constructeurs automobiles et les énergéticiens. Ces dates butoirs ne sont pas sorties par magie d'un chapeau. Elles résultent de la prise en compte des trajectoires de l'accord de Paris pour atteindre la neutralité carbone, de l'évolution du marché de la mobilité, de la prise en compte des contraintes des constructeurs, des recommandations scientifiques concernant le climat et médicales concernant les effets de la pollution par les moteurs thermiques. Ce sont des dates qui font consensus, votées à l'unanimité au conseil

Pour une République écologique

municipal, parce qu'elles ont été élaborées à l'échelle des villes, suffisamment précises pour qu'elles deviennent réalité et suffisamment globales pour avoir mesuré toutes les conséquences économiques, sanitaires et politiques. En 2015, au moment où les États signaient l'accord de Paris, les villes se sont engagées à mes côtés à poursuivre la même trajectoire que celles définies pour les États. Ce jour-là, la France avait réussi à se saisir d'un leadership décisif et justifié sur la question climatique. Cinq ans plus tard, je réunissais le 11 décembre 2021 à nouveau de nombreuses villes pour faire le bilan. Laurent Fabius est venu livrer son regard rétrospectif sur les cinq années qui avaient vu tour à tour les États-Unis sortir de l'accord et le Brésil, l'Australie et le Canada annoncer qu'ils n'atteindraient pas les objectifs. Dans mon bureau, tout en m'offrant un des exemplaires du marteau en bois dont l'original se trouve aujourd'hui au musée Carnavalet, le musée de l'histoire de Paris, il faisait le constat que le pilier scientifique de la COP avait donné pleine satisfaction et qu'un consensus désormais consolidé existait parmi les experts pour définir les menaces et les scénarios en fonction des efforts des industries et des États. Il ajoutait avec satisfaction que le second pilier, celui dit de « la société civile », associant le secteur privé et les villes, avait engagé les mutations pour respecter la trajectoire dessinée en 2015.

Et amèrement, parce qu'il est un homme d'État, il déplorait que le troisième pilier, celui des États, ait failli. Je faisais de mon côté le constat que la France avait perdu son leadership sur ce sujet.

Une femme française

Un leadership à reconquérir

Après son élection en 2017, j'avais indiqué au président de la République que la France, avec l'accord de Paris, bénéficiait d'un leadership sur les questions climatiques que l'arrivée de Donal Trump à la Maison Blanche rendait plus que jamais nécessaire. Il n'avait qu'à le faire fructifier. Mais la crise des Gilets jaunes, les inévitables marais administratifs et bureaucratiques qui ont si souvent raison des meilleures volontés et où les lobbies prospèrent, la convention citoyenne et ses promesses non tenues, et, reconnaissons-le, le peu de convictions sur ces sujets qui avaient par ailleurs été absents de la campagne présidentielle, ont eu raison du rôle moteur de la France.

Le départ de Nicolas Hulot un an après son arrivée au gouvernement indiquait assez bien que ce n'était pas sur les questions climatiques que la France chercherait à exercer son autorité. Je le regrette et nous avons pris du retard là où nous avions de l'avance. C'est désormais dans l'Amérique du président Biden et dans son administration que se trouvent l'énergie et le leadership. Il est heureux qu'ils aient repris le flambeau mais le tandem avec la France sur ce sujet crucial aurait été encore plus bénéfique. En recevant début 2021 John Kerry, ami de longue date, aimant la France et parlant notre langue avec une élégance irrésistible, j'ai compris que la conduite des opérations sur les questions climatiques avait quitté l'Europe pour traverser l'Atlantique. John

Pour une République écologique

Kerry, avec beaucoup de délicatesse, venait nous le dire. Je ne peux pas lui en vouloir. Il ajoutait que les métropoles américaines pour la plupart membres du C40 que j'ai présidé de 2016 à 2019 – soit les pires années pour les enjeux climatiques aux États-Unis – avaient tenu le flambeau, avaient résisté sans ciller aux coups de boutoir fédéraux et avaient continué à élaborer des politiques publiques pour réduire l'empreinte carbone des activités économiques, alors que Donald Trump déconstruisait méthodiquement ce que le président Obama avait patiemment élaboré. Je dis patiemment car durant ses deux mandats Barack Obama a dû faire face à une opinion publique américaine réticente.

C'était particulièrement le cas dans les grandes plaines et dans le Sud, la population étant un peu plus convaincue sur la côte ouest et dans les métropoles de la côte est. Globalement, la population américaine a du mal à renoncer à son modèle de croissance et son « *way of life* » excessivement intensif en énergie fossile et prédateur en termes de ressources. L'Amérique de Biden semble avoir pour partie pris la mesure de la menace. L'administration américaine essaie de rattraper son retard et s'appuie d'ailleurs sur ce que San Francisco, Los Angeles mais également Chicago, Boston, New York et Washington ont réalisé. Les Américains regardent à juste titre du côté de la Chine et de ses engagements auxquels ils ne croient guère. Ils regardent également la France dont le parc nucléaire et ses 75 % de production électrique les inspirent comme solution alternative aux énergies fossiles tout en continuant à répondre à

Une femme française

la demande d'énergie croissante des foyers américains. Pour ma part je considère qu'il faut sortir du nucléaire, aussi vite que le développement des énergies renouvelables le permet. Je mesure en effet très clairement les risques inhérents à l'énergie nucléaire, particulièrement sur la question des déchets. La réduction de la part du nucléaire dans la production d'électricité se fera dans la durée, par l'accroissement de la part des énergies renouvelables dans le mix énergétique.

Au-delà, je crois que les Européens et les Américains peuvent dégager un consensus sur les enjeux climatiques qui pèsera suffisamment pour que Chinois, Indiens ou Brésiliens fassent les quelques pas nécessaires pour nous rejoindre et ne fassent plus des enjeux climatiques le terrain d'expression de leur puissance. La France peut jouer un rôle clé et retrouver un peu du leadership perdu pendant les cinq dernières années. Avec la révolution industrielle au XIXe puis au XXe siècle, les conflits, les guerres avaient pour but principal l'appropriation des territoires riches d'énergies fossiles.

Le climat est la grande question stratégique et géopolitique de ce siècle. Les autres, qu'il s'agisse de la compétition entre les États-Unis et la Chine, le retour de la Russie et de la Turquie dans la compétition internationale, la menace terroriste à l'échelle mondiale, si elles ne doivent pas être minorées, lui sont subordonnées. La singularité de la voix de la France ne peut manquer à cet enjeu décisif. C'est ma conviction profonde. Mais cette voix s'exprime également dans le domaine militaire et dans celui de ses stratégies d'influence. Là

Pour une République écologique

encore comme maire, j'ai été assez tôt confrontée à cette réalité. Aujourd'hui, les questions de défense et les questions militaires, qu'on le veuille ou non, de près ou de loin, sont souvent liées au dérèglement climatique. Dans ce nouvel ordre mondial défini désormais par la crise climatique qui nous menace, par une obligation vitale de sortir des énergies fossiles, la justice climatique est une construction fondamentale.

Pour une justice climatique

Parmi les actions que j'ai conduites pour le climat. Il y a une dont je suis particulièrement fière. Si j'en suis fière, c'est qu'elle concerne directement la santé de nos concitoyens. Si j'en suis fière, c'est qu'elle a posé l'égale légitimité des États et des villes à agir pour le climat et à protéger la santé ; si j'en suis fière, c'est qu'elle a ouvert tout un champ juridique nouveau : celui de la justice pour le climat. Cette action est liée à la norme Euro 6 concernant la pollution des véhicules diesel. L'Union européenne avait relevé ces normes de telle sorte que les nouvelles normes d'émissions des véhicules diesel étaient moins contraignantes que les précédentes. Il s'agissait donc en quelque sorte d'un droit à polluer que l'Union européenne avait accordé, contre toute attente après le scandale du « dieselgate », aux constructeurs automobiles. Les États l'avaient accepté. La France l'avait accepté et cela permettait, entre autres, à ses constructeurs champions de la motorisation diesel en Europe de continuer à produire des véhicules dont les

Une femme française

émissions de particules sont dangereuses pour la santé. De cet accord entre l'Union européenne, les États et les constructeurs, les villes ne pouvaient rien dire, même si l'essentiel des effets négatifs de cette réglementation les affectaient directement et les citadins avec elles.

Le 17 mai 2018, je me rendis donc en personne à Luxembourg pour plaider la cause des villes. La démarche était assez inhabituelle. Il n'était pas sûr que les juges me laissent prendre la parole. Dans leur sagesse, ils ont accepté que je défende les villes et leur droit à contester une décision de l'Union. Deux autres villes s'étaient associées à Paris : Barcelone et Bruxelles. Mon ami Philippe Close, bourgmestre de Bruxelles, avait également fait le déplacement.

Le 13 décembre 2018, le tribunal de l'Union européenne nous donnait raison. Nous étions, nous, villes, légitimes à contester une décision de l'Union que nos États avaient ratifiée. C'était une grande et belle victoire. Les juges européens étaient face à un choix et ils ont choisi. Ils ont choisi la santé des Européens, la préservation de notre environnement plutôt que la préservation des bénéfices de l'industrie du diesel.

Ce choix est encore aujourd'hui déterminant. Il a ouvert une voie sans précédent pour la justice climatique au niveau européen et mondial. Il a permis aux villes, grandes comme petites, de devenir les actrices de la justice climatique et donc de la justice sociale. Il permet aux entités autres qu'étatiques de plaider en justice pour ce que nous avons en commun : notre planète, notre terre, l'eau que nous buvons, l'air que nous respirons, ce qui fait de nous des êtres humains. La justice climatique est un outil mondial pour un défi mondial : celui de l'urgence climatique. Elle est un progrès décisif et je suis fière d'avoir apporté ma pierre. Je le sais, les questions juridiques, et avec elles l'élaboration des normes, ne passionnent guère et pourtant c'est un domaine clé de la lutte contre le changement climatique. La décision du 13 décembre 2018 fait désormais date.

Au-delà de cet exemple, nombreux sont les contentieux européens ou internationaux qui visent à faire juger les pollueurs, souvent les grandes entreprises multinationales du secteur des énergies fossiles. Corinne Lepage et Christian Huglo, grands avocats spécialistes du droit de l'environnement, l'Affaire du siècle portée par des ONG... cherchent les voies pour rendre contraignants les engagements des traités internationaux ou de la Convention européenne des droits humains dont l'article 8 évoque la santé. En France, le Conseil d'État semble accompagner cette stratégie juridique que je souhaite appuyer.

Laurent Fabius au Conseil constitutionnel continue aussi de travailler cette piste avec obstination. Les questions sont nombreuses. Lorsque les pollutions aux sargasses menacent de déplacement les habitants des zones côtières de Martinique ou de Guadeloupe, qui doit payer, dédommager, réparer ?

Qui doit juger les responsables alors que vraisemblablement le détachement des algues qui forment la mer des Sargasses serait dû à des phénomènes conjugués :

Une femme française

la déforestation de l'Amazonie et l'exploitation pétrolière dans le golfe de Guinée ?

À l'évidence, une juridiction internationale devra traiter ces contentieux majeurs pour ne pas laisser une impunité s'installer. À l'instar de la Cour pénale internationale instaurée pour juger les crimes contre l'humanité, il faudra créer une cour internationale compétente pour juger les crimes et les délits d'écocide menaçant le vivant, notre santé, la biodiversité.

5

Un Big Bang de la proximité

« C'est la décision la plus débile et la plus bureaucratique que j'ai eu à connaître, et celle-ci, je n'ai pas pu la contourner. » J'ai été un peu directe et crue, il est vrai, devant les sénateurs le 29 juillet 2020. Mais lorsque les décisions sont absurdes, il faut le dire. Ce jour-là, j'étais auditionnée par la commission d'évaluation des politiques publiques du Sénat ; il s'agissait de savoir comment avait été conduite la lutte contre la pandémie lors du premier confinement.

J'ai patiemment expliqué tout ce que nous avions mis en place très rapidement dès le début de l'année 2020, en annulant, par exemple, le Nouvel An chinois qui devait commencer le samedi 25 janvier. Toutes les associations de ressortissants franco-chinois, disposant d'informations en provenance directe de Chine, me pressaient d'annuler ces festivités. Évidemment, nous n'avions à ce moment-là aucune indication nous poussant à agir en ce sens, d'autant plus que le ministère de la Santé, à qui nous avions demandé s'il existait des directives particulières, nous avait répondu négativement. Avec le maire du 13e arrondissement de Paris, Jérôme Coumet, nous avons pourtant passé outre et

Une femme française

annulé ces événements, premiers à faire cavaliers seuls par rapport aux recommandations de l'État qui, en réalité, nous empêchait d'agir et qui tentait de communiquer sur ma supposée irresponsabilité.

Covid-19 : le mépris des solutions locales

Dès le début du confinement, j'ai entrepris de transformer nos façons de faire sur bon nombre de sujets. Lors des rendez-vous quotidiens que j'avais avec les autorités sanitaires et les représentants du gouvernement, j'ai ainsi plaidé pour une généralisation du dépistage et même pour le dépistage systématique, y compris des personnes qui ne présentaient pas de symptômes. Je n'étais pas écoutée. Mais au bout du compte, c'est ce que nous avons fini par mettre en œuvre par nous-mêmes, au mois d'avril 2020, sans attendre le feu vert des autorités nationales et en commençant par tous les Ehpad de Paris. C'est d'ailleurs à partir de cette période que l'on n'a cessé de m'asséner des directives rigides au nom de « la doctrine » décrétée par l'administration : « Ce n'est pas la doctrine sur les masques », « Ce n'est pas la doctrine sur les tests ». Pour en arriver finalement à nous voir imposer une nouvelle doctrine organisant la manière de sortir de chez nous... C'est précisément en évoquant les parcs et les jardins publics qui devaient rester fermés toujours au nom de la doctrine que j'ai explosé devant les sénateurs ce jour-là.

Reportons-nous en mai 2020, le premier déconfinement débute et je propose très rapidement au

Un Big Bang de la proximité

gouvernement un protocole particulier et adapté pour permettre aux Parisiens, confinés dans des appartements très petits, mais qui avaient été exemplaires durant la période, de se rendre dans les jardins de la ville. Port du masque, gel, jauge maximale pour éviter la surpopulation, tout le monde semble trouver le projet pertinent et adapté. Et même s'ils sont soumis à une obligation de réserve, le préfet de police, le préfet de région, l'Agence régionale de santé et le directeur général de l'AP-HP partagent en silence mon opinion.

Mais c'était sans compter sur la fameuse « doctrine » : les parcs doivent rester fermés, « c'est comme cela qu'on distingue une zone rouge d'une zone non rouge », m'a-t-on répondu. Les mesures n'avaient pourtant pas le même sens à Paris que dans une région où les gens possèdent leurs propres jardins... J'ai cru, lors d'une vidéoconférence, que je réussirais à convaincre le président de la République et les ministres. Le ministre de l'Intérieur a refusé mes arguments et décidé que les parcs, jardins et squares parisiens devaient rester fermés.

Voilà en substance quelle a été la réalité de la coopération des communes avec l'État pendant plus d'un an : déni des réalités territoriales, mépris des solutions imaginées par les maires et micro-management de situations locales par les plus hautes instances de l'État ; là où une simple discussion avec le préfet aurait amplement suffi. Et tout cela sans compter le manque d'informations, chacun en étant réduit à attendre que le président parle. À l'instar du 31 mars 2021 : ce

Une femme française

jour-là, cela fait plus d'une semaine que l'on suppose, dans la presse, qu'une annonce doit avoir lieu. Quand se tiendra-t-elle ? Personne n'a l'information. Et c'est au cours d'une émission de radio que Jean-Jacques Bourdin m'apprend en direct que le président parlera le soir à vingt heures. Que va-t-il dire ? Les écoles vont-elles devoir fermer ? Les vacances scolaires seront-elles allongées ? Rien ne filtre, aucun maire ne peut donc se préparer. Manque de transparence, hyper centralisation, la méthode n'est manifestement pas la bonne. Je pourrais multiplier les exemples dans lesquels l'État promet mais ne tient pas ou bien promet mais laisse ensuite aux communes le soin de tout mettre en œuvre par leurs propres moyens.

Cela a été le cas avec l'école en particulier. Lorsque le ministre a décidé, début 2021, que chaque établissement serait équipé de capteurs de CO_2 destinés à donner l'alerte dans les pièces mal ventilées, il a laissé ensuite à chaque collectivité la charge de tenir sa promesse. Pourquoi pas, sauf qu'à aucun moment le coût financier de tels équipements n'a été discuté : l'intendance municipale devait suivre, telle semblait être la doctrine. Idem sur la dotation en masques dans toutes les écoles lorsqu'elles ont rouvert entre la mi-mai et le début du mois de juin 2020. Je suis alors en visite dans une école du 3e arrondissement, au centre de Paris : je demande à voir les stocks de masques pour m'assurer qu'ils sont bien arrivés ; on me montre le placard dans lequel on entrepose les masques des personnels de la Ville de Paris. « Et les vôtres ? » demandé-je à la directrice et à

Un Big Bang de la proximité

l'équipe enseignante. « On ne les a pas encore reçus ; l'administration ne sait pas comment nous les livrer », m'avouent-elles un peu dépitées. J'ai demandé par la suite à mon équipe s'il était possible de faire des commandes groupées avec le rectorat pour livrer toutes les écoles, peu importe le statut du personnel, parce que comme pour le trésor de Notre-Dame, nous avons des véhicules pour gérer le dernier kilomètre. La réponse fut sans ambiguïté du côté du ministère : chacun reste chez soi ! Si bien que la directrice de cette école, comme d'autres avec elle, a dû se débrouiller comme elle a pu pour aller chercher ces masques qui n'arrivaient pas jusqu'à elle. Ce n'est donc pas seulement à l'égard des citoyens que l'État reste impuissant à franchir le dernier kilomètre entre la décision ministérielle et la vie réelle des Français, c'est aussi vis-à-vis de ses propres serviteurs et à leur détriment.

Lors des réunions quotidiennes avec les autorités de l'État, je n'ai donc cessé de questionner cette fameuse « doctrine » en expliquant que, par définition, une doctrine n'avait rien de divin ; si elle est inefficace et inadaptée, il suffit de décider collectivement d'en changer. Et je ne m'explique pas pourquoi le ministère de la Santé, en dépit d'un personnel compétent et performant, a laissé en permanence cette « doctrine » s'inviter dans nos réunions et dans nos vies, où l'on nous a expliqué, au départ de l'épidémie, qu'il ne fallait pas donner de masques, même à nos agents mobilisés dans les plans de continuité d'activité...

Une femme française

J'ai même entendu un ministre me dire à ce sujet : « Je suis fils de médecin, je peux dire que ça ne sert à rien ! » J'ai répondu du tac au tac : « Je suis fille d'électricien et je pense que c'est utile », dire si les arguments volaient haut...

Après un an et demi de ce dialogue de sourds, ma conviction est faite : en cas de crise sanitaire ou autre, il faut évidemment une unité de commandement et préserver l'égalité de nos concitoyens sur tout le territoire, c'est primordial, il faut donc un pilotage national. Mais il faut éviter, en revanche, de prendre des décisions qui produisent plus de chaos qu'il n'y en a déjà. C'est pourquoi les maires devraient pouvoir prendre des décisions adaptées à leur situation locale tout en tenant compte bien évidemment de l'avis des autorités sanitaires en fonction de la spécificité de leur territoire. Je considère qu'il faut désormais un Big Bang territorial, au niveau non seulement de l'État, mais aussi de l'ensemble des communes, en proximité avec les citoyens.

J'ai vécu cette crise au plus près de ces derniers, avec eux et aux côtés de tous les agents municipaux. La période que nous avons connue en 2020 et 2021 changera durablement notre manière de vivre. Quoi qu'il en soit, en tant que décideurs publics, elle nous impose de changer très rapidement nos manières de gouverner. Il m'apparaît comme une évidence qu'il faut maintenant reprendre l'organisation de notre République, la moderniser, rendre l'organisation de l'administration plus compréhensible et donc plus efficace pour nos concitoyens et accepter enfin une véritable décentralisation.

Un Big Bang de la proximité

Les lois de décentralisation de 1982 avaient été une bouffée d'air, malheureusement la décentralisation des pouvoirs a reculé au fil du temps pour laisser place à une centralisation excessive, inefficace et tellement ancien monde. Il faut tout refonder.

Face à une pandémie comme celle que nous avons traversée, et qui est loin d'être entièrement terminée à l'heure où j'écris ces lignes, il nous faut faire preuve d'humilité, de modestie, tant ce qui s'est passé était hors normes. À l'évidence, il faut réagir le plus vite possible, de la façon la plus adaptée au contexte local, et il faut faire coopérer deux échelles de décision et deux impératifs qui, en apparence, peuvent être contradictoires, mais qui, de fait, se révèlent complémentaires : d'une part, un commandement stratégique à l'échelle de l'État pour la gestion d'une crise sanitaire majeure, qui a de surcroît une dimension nationale et internationale ; d'autre part, la nécessité de donner aux collectivités territoriales, plus opérationnelles et plus au fait des réalités locales, la liberté d'agir, de prendre des initiatives, d'aller au-delà des contraintes administratives pour trouver des solutions concrètes. C'est là je crois le rôle primordial des maires.

« Maire, c'est faire ! » ai-je coutume de dire. Cela signifie que le maire est non seulement présent là où les politiques publiques trouvent leur aboutissement, mais qu'il est aussi celui qui en impulse une grande partie. Cette capacité d'action repose à mes yeux sur deux caractéristiques qui font de cet élu local une figure bien particulière dans notre vie politique : il est d'abord en prise directe avec les citoyens et n'agit, ensuite, jamais seul. Quand quelque chose dérape, il le sait vite. À portée de voix, il se tient aussi à portée de colère et d'exaspération. Ce qui fait que le réel du maire n'est pas toujours rationnel, car il est avant tout relationnel. Visites de terrain, discussions, convictions. Son quotidien n'est fait que de contacts et de dialogues. L'expression « vivre ensemble » a sans doute été trop utilisée, pourtant le maire est bien celui qui fait tout son possible pour que ces deux termes ne se dissocient jamais. Et que la présence des autres n'implique pas de moins bien vivre ou ne pousse à s'en éloigner.

Le maire est garant de ce fragile équilibre social. Ce qui impose ensuite de ne pas agir seul. Et là encore, le maire est celui qui se montre capable de nouer des alliances, de faire travailler à l'échelle locale, au-delà des convictions premières ou des étiquettes partisanes, des personnes qui vont rapidement voir le résultat de leur engagement. Ce rôle des maires est d'ailleurs partagé bien au-delà de nos frontières, quel que soit le continent, les vies de maires se ressemblent. J'ai eu la chance de le vérifier maintes fois, en Afrique, en Europe, aux États-Unis... De fait, au niveau territorial, entre la décision et sa réalisation, le temps de l'action est relativement court. Le Big Bang territorial auquel j'aspire doit nécessairement partir de ces constats.

Un Big Bang de la proximité

Une équipe de France des maires

J'étais déjà convaincue du rôle primordial des maires, mais cette certitude est sortie renforcée de la pandémie. C'est pourquoi, dès ma réélection, j'ai tenu à faciliter la création de « Cités en commun ». Ce projet consistait en un réseau de villes progressistes amenées à s'allier à la suite des municipales de 2020. Je souhaitais donc mettre sur pied une solidarité concrète des maires, notamment vis-à-vis des nouveaux élus socialistes comme à Montpellier, Rouen ou à Nancy, mais aussi des écologistes à Lyon, Bordeaux, Strasbourg ou Tours. C'est d'ailleurs dans cette ville que s'est tenue la première réunion de cette vingtaine d'élus, en juillet 2020, à mon initiative et à celle d'Éric Piolle, le maire EELV de Grenoble. À cette occasion, j'ai tenu à l'ensemble de ces élus un langage de vérité issu de ma propre expérience, les prévenant que rien n'allait leur être épargné et qu'au regard des conservateurs ou des puissants lobbys économiques, nous resterions longtemps des intrus.

L'union des maires n'est pas une option. Elle s'impose. Avec les élus socialistes et divers gauche de communes de toutes tailles, nous avons créé et lancé à Douai la plateforme « Idées en commun », afin que les politiques mises en place à l'échelle d'une ville ou d'un territoire puissent être présentées, discutées, valorisées. Il s'agit d'engager le dialogue avec les citoyens, à partir de la vision et des réalisations des élus qui peuvent s'avérer très différentes d'une commune à l'autre. Partout,

Une femme française

ces élus locaux conduisent des politiques publiques qu'Idées en commun se charge de mettre en valeur. Ce sont d'ailleurs les maires eux-mêmes qui pilotent ces chantiers de valorisation. Ainsi, Martine Aubry à Lille, Olivier Bianchi à Clermont-Ferrand s'investissent dans la culture ; Nathalie Appéré, à Rennes, dans le logement ; Carole Delga, présidente de la région Occitanie, et Nicolas Mayer-Rossignol, maire de Rouen, traitent des questions industrielles à l'aune de la transition écologique ; Johanna Rolland, pour Nantes, Christophe Bouillon, pour la petite ville de Barentin en Normandie, ou encore Emmanuelle Gazel, à Millau, travaillent sur l'aménagement du territoire ; Mathieu Klein, à Nancy, s'occupe des solidarités et du service public ; Michaël Delafosse, à Montpellier, est très actif sur la sécurité ; quant à Delphine Labails, à Périgueux, et Isabelle Assih, à Quimper, elles réfléchissent sur l'éducation.

Pour ma part, dans le cadre d'un tour de France de ces initiatives, je vais à leur rencontre et suis fière de coordonner celles et ceux que j'ai baptisés « l'équipe de France des maires ». Nous disposons avec cette équipe d'un réseau d'élus locaux dans des collectivités de toutes tailles, sur tout le territoire, et en outre-mer. Ils sont une véritable force. Et l'élection de 2022 ne se fera pas sans eux ni sans tenir compte de l'intelligence et des savoir-faire qu'ils ont su développer. Ce sera même, je crois, l'enjeu primordial de ce rendez-vous électoral tant les communes sont devenues les lieux essentiels de notre commun républicain.

Un Big Bang de la proximité

La République est née à Paris dans les convulsions de révolutions successives. Elle s'est avant tout bâtie dans les villages, enracinée dans les départements, les sous-préfectures, les bourgs, nos trente-six mille communes... C'est pourquoi, dès lors que l'État perd le contact avec ce tissu vivant de maires et d'élus locaux, la République s'affaiblit ; ils sont le pouls battant de la France. Paris, cependant, reste une commune comme les autres. Punie pendant plus de cent ans pour s'être révoltée lors de la Commune de Paris en 1871, la ville n'a retrouvé son maire qu'en 1977 et il me faut encore lutter chaque année pour qu'elle réintègre pleinement la communauté des communes de notre pays. Un exemple, anecdotique mais symbolique, montre bien cette évolution, celui du monument aux morts.

Avec sa mairie et son église, chaque commune de France possède aussi un monument aux morts venant rappeler, nom par nom, le tribut du sang payé localement pour la patrie. Il n'y a qu'à Paris qu'on ne possédait rien de tel. C'est ce que met en scène Pierre Lemaître dans son magnifique roman *Au revoir là-haut*[1] qui a obtenu le prix Goncourt en 2013. L'année suivante, à peine élue maire, je charge l'adjointe à la Mémoire de se mettre en contact avec le ministère des Armées pour réparer cet « oubli ». L'État explique alors que la recension de tous les morts va bientôt s'achever et qu'il y aura bien un monument virtuel. Sont-ils si nombreux ou si peu importants, ces morts parisiens, qu'on ne puisse

---

1. Pierre Lemaître, *Au revoir là-haut*, Albin Michel, 2013

à Paris les honorer que numériquement ? Il s'agit pourtant de 94 415 soldats tombés comme les autres pour la France, accompagnés de huit mille disparus. Si la flamme du soldat inconnu, sous l'Arc de Triomphe, symbolise l'ensemble de tous les soldats qui ont sacrifié leur vie entre 1914 et 1918, il devrait être possible toutefois d'inscrire le nom de chaque mort parisien quelque part dans leur ville.

C'est finalement sur l'immense mur de trois cents mètres qui longe le cimetière du Père Lachaise que nous avons réussi à graver et à honorer leur mémoire. J'ai inauguré le monument aux morts parisiens le 11 novembre 2018 pour le centenaire de la fin de la Première Guerre mondiale. Aujourd'hui, de très nombreuses personnes y cherchent le nom d'un parent et s'arrêtent devant ce mur impressionnant.

Faire respirer la République

Cet événement illustre mon engagement pour faire de Paris une ville comme les autres communes de France. Certes, le renom de Paris, capitale de la France, et les expériences tragiques que nous avons vécues en 2015 nous donnent sans doute une place à part. J'ai désormais une expérience et un savoir-faire qui font que je ne serai jamais prise au dépourvu si je suis réveillée à deux heures du matin par l'irruption de la mort violente dans notre vie collective ; sans jamais m'y habituer.

L'année 2015 fut pour moi un apprentissage à nul autre pareil ; celui d'une élue locale confrontée à des

Un Big Bang de la proximité

événements exceptionnels. Mais partout en France également, accepter d'être maire, c'est signer un pacte avec le tragique de la vie. Peut-être ne le rencontrerons-nous jamais au cours de notre mandat ou très peu, mais être maire, c'est avant tout avoir conscience que l'on peut être confronté du jour au lendemain à la possibilité de la mort et de la souffrance de nos administrés. En écrivant ces lignes, je pense au maire de Trèbes, Éric Menassi, qui, en 2018, se retrouva par deux fois confronté à ce tragique : une première fois avec l'attentat qui causa la mort du colonel Beltrame et de trois autres personnes, puis, quelques mois plus tard, avec des inondations exceptionnelles qui coûtèrent la vie à sept habitants de sa ville.

Face à tous ces événements, les maires doivent tant bien que mal trouver des réponses, inventer des solutions et construire avec les habitants des politiques locales solides. C'est ce que j'appelle l'intelligence territoriale ; elle déborde des territoires et irrigue peu à peu l'ensemble du pays. Évidemment, la somme des solutions locales ne fait pas une politique nationale. Pourtant, l'État gagnerait à écouter les collectivités. Je plaide pour accorder aux pouvoirs locaux des libertés d'action qui donneraient à la France une nouvelle unité tout en rendant à l'État son efficacité. C'est aussi la condition permettant à la République de mieux respirer.

Le temps des communes et de la décentralisation des pouvoirs est venu, il est difficile d'en douter. D'autant que face à la pandémie, celles-ci ont su se transformer

Une femme française

en amortisseurs de la crise ; qu'on leur permette alors d'agir au quotidien. Il y a là une nouvelle façon de conduire l'action publique qui doit désormais commencer par les réalités. À partir des préoccupations et des espoirs des citoyens tels que les maires et les élus locaux savent les entendre et les transformer.

Ces derniers incarnent la respiration de la République. C'est à leur niveau que s'élabore concrètement la vie des gens et que ceux-ci disposent de la certitude d'être pris en considération. Tout ce qui est décidé loin ou en dehors de cette volonté ne fonctionne plus. Nous sommes face à une exigence des citoyens qui demandent, à travers leurs élus locaux, à reprendre la maîtrise de leur existence. C'est localement que tout ceci se décide et s'organise dans un cadre républicain ; sinon ne restent que la fragmentation sociale puis la violence.

Je sais que la somme de projets locaux ne s'additionne pas spontanément en un projet national. Je sais aussi qu'il n'y a pas de politique nationale sans tenir compte de toutes ces solutions et innovations locales. Je prêche donc pour qu'on donne à celles-ci le droit d'émerger vraiment, de se développer et *in fine* de nous inspirer. Car leur succès repose précisément sur les possibilités de différenciation laissées aux territoires. Malheureusement, la France est encore trop soumise à une vision centralisée. L'État, à travers Bercy, c'est-à-dire le ministère des Finances, contrôle et par conséquent explique quelle est la seule bonne manière de dépenser, celle précisément de « ceux qui savent ».

Un Big Bang de la proximité

Là encore, le désintérêt pour les solutions locales s'exprime ouvertement. C'est un gâchis pour notre pays.

De nombreuses stratégies se mettent en place, j'en suis témoin. La plupart sont trop peu valorisées. Elles sont souvent ignorées par l'État avant d'être parfois récupérées au niveau national.

J'en ai fait l'expérience avec « La nuit de la solidarité », par exemple. Il s'agit d'une initiative qui a été inventée à New York et que j'ai déployée à Paris en 2018 : durant une nuit, deux mille bénévoles partent à la rencontre des personnes à la rue et dialoguent avec elles. Ce qui permet également de recenser les SDF, de faire des constats sur leurs modes de vie, leurs difficultés et de leur exprimer une réelle solidarité. Le gouvernement y a tout de suite vu une opération qu'il a qualifiée de « politicienne » dans le but de souligner son manque de résultats au regard de sa promesse de n'avoir plus personne dormant dans la rue. J'ai tenu bon avec mon équipe, Dominique Versini, ancienne ministre de Jacques Chirac, alors mon adjointe aux Solidarités, et bien sûr avec les associations humanitaires.

Depuis, j'ai proposé à toutes les villes qui voulaient organiser à leur tour une Nuit de la solidarité de mettre à leur disposition notre savoir-faire dans l'organisation de cet événement, par l'intermédiaire d'un dossier d'explication prêt à l'emploi. Aussi, quelle n'a pas été ma surprise d'entendre cette année la ministre du Logement annoncer que l'État allait lancer à son tour la Nuit de la solidarité, au mois de juin 2021 – alors que la nôtre se tient en mars à la sortie de l'hiver et que différentes communes nous ont largement emboîté le pas. L'État a ensuite équipé les collectivités qui veulent organiser un tel événement avec un vade-mecum qui n'est autre que... la reprise de notre guide. Cette concurrence est stupide et stérile. Si une initiative est jugée intéressante, laissons alors la collectivité pilote en conduire la généralisation au niveau national. Le rôle de l'État est ensuite de permettre à chaque territoire de s'approprier les conditions de la réussite et du déploiement. Au lieu de cela, l'État regarde les pouvoirs locaux comme des contre-pouvoirs, des pouvoirs périphériques face au pouvoir central et non comme des partenaires.

Je suis profondément républicaine, mais être républicain ne signifie pas à mes yeux se désintéresser des réalités locales. Précisément, la décentralisation est une forme d'organisation politique et administrative du pays efficace. Les passions de nos concitoyens les portent vers leur commune et leur département, ce legs de la Révolution jacobine. Lors des premières manifestations des Gilets jaunes, j'avais d'ailleurs été touchée par tous les numéros de département qui ornaient les chasubles des protestataires. Sur leur dos, au feutre, et à côté de slogans politiques, chacun affichait son département. Preuve s'il en est que sous l'égide de la Nation, il est possible d'affirmer des identités multiples et des attaches particulières. Preuve aussi que c'est à Paris plus qu'ailleurs qu'on se redécouvre occitan, breton, alsacien, lyonnais, poitevin ou normand, du Midi ou du Pays basque. Et c'est la force de l'État que de le permettre.

Un Big Bang de la proximité

Souvenons-nous toujours que la France a été façonnée en priorité par la politique et l'administration, la guerre et les alliances, qui ont peu à peu constitué ce pays passionné d'égalité de tous devant la loi et devant la langue. Mais, à la vérité, peu épris d'uniformité. C'est précisément cette diversité qu'il faut aujourd'hui reconnaître sans crainte. Paysages de mer ou richesse de montagnes, petits villages ruraux, sentiers dans la forêt mais aussi fromages, vins, gastronomie, chaque Français recherche une expérience, comme la petite part d'un trésor qui lui appartiendrait en propre et qu'il partage avec ses proches. Nous allons célébrer prochainement les quarante ans des lois de décentralisation, portées par François Mitterrand et Gaston Defferre, celles-ci apparaissent avec le recul du temps comme une symphonie inachevée, il est urgent de refonder les relations avec l'État et les collectivités locales.

La décentralisation a profondément transformé notre pays mais il faut reprendre la question des libertés locales. Celles-ci ont été octroyées au fil du temps mais restent encore frappées d'un soupçon d'illégitimité. Alors même que la transformation de l'économie, l'aménagement du territoire ou les modes de vie montrent que les dynamiques locales ont tout bousculé, l'État n'a pas renoncé toutefois à lâcher un pouvoir dont il ne dispose plus et pour lequel il n'y a plus de moyens ne serait-ce qu'humains et logistiques. Ce qui débouche inévitablement sur des concurrences et des rapports de force incessants et surtout sur une grande inefficacité. Et cela risque encore de s'aggraver.

Une femme française

Le corps préfectoral ne sera plus formé au sens de l'intérêt général, car les préfets seront remplacés par les consultants. Drôle de réforme...

L'État n'est plus organisé pour gérer les sujets de proximité, des années d'austérité et de règne libéral en auront eu raison. En revanche, il peut contracter avec les collectivités pour qu'elles réalisent à sa place et leur laisser une plus grande marge d'initiative. C'est l'enjeu du Plan de relance : les élus locaux doivent être liés au ministère de l'Économie pour avoir leur mot à dire sur les choix industriels et notamment les relocalisations. Le dialogue territorial doit embarquer dans un même élan l'État, les régions, les métropoles et les industriels au plus près de la production. C'était d'ailleurs le sens d'un appel de dix-neuf présidents de régions et collectivités territoriales dans le journal *Le Monde* le 28 mai 2020. Intitulée « Pour la relance et la reconstruction, nous sommes prêts ! », cette tribune appelait le président de la République à faire « le pari des territoires ». En effet, durant la crise sanitaire, l'agilité des collectivités territoriales s'est révélée essentielle. Parce que les élus locaux ont une connaissance intime des réalités de terrain, de l'histoire industrielle, leur capacité de réaction est sans commune mesure avec la lourdeur et l'uniformité de l'action de l'État central où même avec une pandémie et un plan de relance européen on continue de considérer que la meilleure dépense publique est celle que l'on ne fait pas au risque de regarder les trains passer... Les Français restent attachés à un État solide sur ses missions régaliennes, mais ils plébiscitent

Un Big Bang de la proximité

par ailleurs le renforcement des logiques de proximité. Et je suis convaincue que notre pays est mûr pour s'engager enfin dans cette voie.

Réfléchir comme un maire

On brandit souvent le mot « territoires », au pluriel, comme un synonyme de province, terme que les représentants politiques n'utilisent d'ailleurs plus beaucoup tant il symbolise la centralisation française. Mais le mot en lui-même ne signifie rien si on ne l'incarne pas dans la réalité d'une ville, d'un village ou d'un bourg, c'est-à-dire d'une commune. Nous nous référons tous à une commune comme un port d'attache auquel nous pouvons nous identifier, c'est-à-dire y projeter notre vie familiale, professionnelle, amicale, associative et bien sûr politique. Cette dernière s'incarne en la personne du maire. Il exerce de fait un pouvoir local et inscrit sa politique sur un territoire donné.

Si j'insiste sur ce point, c'est que la figure du maire se distingue des autres responsables locaux : il représente la République à proximité, incarnée et définitivement acceptée. C'est d'autant plus remarquable que les Français ont toujours nourri des sentiments contrastés à l'égard des pouvoirs locaux. Pendant longtemps, ils ont accepté sans mot dire la férule de l'intendant de l'Ancien Régime et celle du préfet napoléonien puis républicain. Autrement dit, ils se sont accommodés de l'autorité de fonctionnaires représentant le pouvoir central et gouvernant localement. Mais la raison de cet acquiescement au

Une femme française

pouvoir est à chercher dans la nature de celui-ci : parce qu'il était central, justement, il paraissait plus lointain et sa tutelle, au bout du compte, pesait moins lourdement que celle du châtelain ou du curé qui a régi la vie quotidienne durant des siècles. C'est au cours de cette longue histoire que le maire s'est inséré peu à peu dans la vie des Français et a été entièrement adoubé par eux. De fait, il demeure aujourd'hui l'un des personnages politiques appréciés de nos concitoyens. Il cherche à rendre la vie apaisée (et à développer cette liberté localement).

Le maire représente donc le maillon essentiel d'une chaîne qui va du pouvoir central au citoyen et inversement. Il doit pouvoir compter sur le soutien de l'État pour répondre aux besoins de ses administrés mais a besoin d'être laissé libre pour prendre ses responsabilités et inventer des solutions adaptées aux réalités de sa commune et de son territoire. Ainsi, les préfets s'entendent souvent rétorquer de la part des maires eux-mêmes ou de responsables d'associations de maires : « Ne nous abandonnez pas », mais « laissez-nous tranquilles ». Il faudra d'ailleurs en finir avec le contrôle de légalité des préfets sur les décisions des élus locaux. Le Tribunal administratif, les cours régionales des comptes sont outillés et compétents pour statuer sur les manquements des élus, cela libérera du temps pour les agents de la préfecture occupés à ces contrôles d'un autre temps.

Contradictoire à première vue, cette façon de voir reflète en réalité la dualité et la richesse de ce que j'appelle « les libertés locales ». Elles n'existent qu'à juste distance de l'État, ni trop loin de lui, ni trop contrôlées

Un Big Bang de la proximité

par lui ; encadrées mais de plein exercice : compréhensibles, lisibles et justes pour les citoyens. Elles leur sont donc particulièrement précieuses. C'est pourquoi je les défends non seulement en France mais aussi au niveau international en tant que vice-présidente de Cités et gouvernements locaux unis (CGLU), la plus grande organisation de gouvernements infranationaux au monde, avec plus de deux cent quarante mille membres dans plus de cent quarante pays. Cette association se veut la voix et le défenseur mondial de l'autonomie locale démocratique, représentant *de facto* plus de la moitié de la population mondiale.

Ces libertés locales sont essentielles à notre vie démocratique et civique ; elles en sont le sel comme le ciment. C'est pourquoi j'oppose souvent ce qu'est l'expérience quotidienne d'un maire aux solutions bureaucratiques variées mais souvent hors sol que proposent les différents ministères auxquels j'ai affaire. Que l'on me comprenne bien, il ne s'agit pas d'exalter le bon sens d'élus locaux qui ont eux aussi leur agenda politique, des intérêts particuliers et ne sont pas tous exemplaires, loin de là ; il s'agit seulement de demander à l'État de réfléchir comme le ferait un maire et de laisser agir celui-ci en conséquence. C'est une boussole comme une autre et plutôt la meilleure.

À la place qui est la mienne, je tâche de m'appliquer à moi-même ce que je préconise à l'échelon supérieur. Comme je m'y étais engagée durant la dernière campagne municipale, j'ai ainsi proposé que l'arrondissement devienne l'échelon de référence de l'action municipale parisienne en déléguant certaines fonctions, jusque-là

Une femme française

centralisées, aux maires d'arrondissement, notamment dans les domaines de la propreté, de l'entretien et de la sécurité. Une police municipale est déployée. Je n'ai qu'un principe pour me guider dans cette transformation, être plus efficace pour la tranquillité des Parisiens. Réfléchir comme un maire, c'est accepter de rendre du pouvoir. Mais c'est aussi plaider pour que le pouvoir ainsi rendu puisse être réellement exercé. C'est pourquoi les domaines de la sécurité, de la solidarité, de l'éducation, du cadre de vie et de la tranquillité sont absolument essentiels. Ils participent au contrat social, la raison première qui fait que des citoyens acceptent de vivre les uns avec les autres et s'épanouissent en commun.

La sécurité et la solidarité, premières des libertés

Il existe un lien étroit entre ce qui se passe à l'extérieur de chez soi dans la rue, dans les transports et les incivilités et l'insécurité. Ce n'est pas un lien théorique mais bien concret et quotidien. Pour qu'une rue soit propre, il faut qu'elle soit sûre mais pour qu'elle soit sûre, il faut en priorité qu'elle soit fréquentée paisiblement et que ses riverains s'en sentent en quelque sorte les responsables. C'est pourquoi il est préconisé qu'au moindre incident sérieux la police puisse intervenir. En dépit de quoi, les gens se sentent démunis voire abandonnés. Il ne s'agit pas seulement de l'exaspération du contribuable, mais aussi d'une blessure du lien civique, le sentiment de ne pouvoir compter que sur soi-même.

Un Big Bang de la proximité

Pour moi, le commun s'incarne d'abord dans des lieux, la commune et son espace public. Je ne parle donc jamais de la République de manière abstraite. Si bien que je crois profondément que la simple présence paisible des riverains et des commerçants, des restaurateurs, des cafés, des policiers est la première assurance de la tranquillité publique d'un quartier ou d'une rue. Celle-ci doit s'appuyer sur une police de proximité. Cela suppose que le maire dispose de moyens adaptés et suffisants.

La sécurité est un sujet de première importance ; il sera à l'évidence porté dans la campagne électorale qui s'engage. Mais, pour reprendre les mots de Carole Delga dans une *Lettre ouverte à un policier*, le 19 mai 2021, à l'occasion de la manifestation qui avait suivi la mort d'un gardien de la paix à Avignon, « je crois à la sécurité républicaine, et non à la République sécuritaire ». En effet, l'insécurité représente un préjudice trop important dans la vie de nos concitoyens pour nous permettre des surenchères politiciennes qui finissent toujours mal, et parfois tournent le dos aux libertés publiques et aux règles de l'État de droit.

Il faut avant tout comprendre ce qui grippe nos réponses collectives face à la délinquance, à l'insécurité et aux incivilités pour y remédier vraiment.

Toutes ces manifestations de violence présentent des causes multiples. Cependant, la difficulté de la police d'opérer sur tous les fronts à la fois – ordre public, grand banditisme, lutte contre le terrorisme, lutte contre les trafics de drogue, petite délinquance – laisse place souvent à un ressentiment face aux nuisances quotidiennes

Une femme française

que subissent les habitants d'un quartier. Je crois fermement, aujourd'hui, au rôle de la police municipale. Elle est à mes yeux la véritable police du quotidien de la proximité avec les citoyens. Elle vient renforcer la police ou la gendarmerie nationales dans leurs prérogatives propres. Chacun doit être dans son rôle, l'important, une nouvelle fois, étant l'articulation entre les deux niveaux de responsabilité. Je voudrais prendre un exemple concret, celui de la drogue.

Dans un quartier, la présence des dealers dégrade celui-ci. Très rapidement les riverains ne supportent plus ces trafics au pied des immeubles ou dans les parcs alentour, comme l'a montré encore récemment ce qui s'est passé dans le quartier Stalingrad, dans le 19ᵉ arrondissement de Paris ou encore dans les Jardins d'Éole. Mais bien souvent lorsqu'elle est interpellée, la police répond qu'elle est là pour démanteler les réseaux et qu'elle ne va donc pas s'attaquer en priorité aux petits trafiquants. Ce sont d'abord ceux-ci qui rendent la vie impossible et font croître l'insécurité. Face à cela, les maires doivent pouvoir reprendre le contrôle de ces territoires en confiant à la police de proximité l'objectif d'une présence continue auprès des habitants. La police municipale agit alors sur plusieurs plans en rassurant d'abord par sa présence visible et en appuyant le travail social de prévention indispensable pour avoir des résultats durables.

La prévention, à côté d'autres éléments centrés sur la sécurité, le développement économique et l'éducation, est un type d'intervention particulièrement exigeant qui demande, là aussi, beaucoup de moyens humains

Un Big Bang de la proximité

et de présence sur le terrain en nombre suffisant, de jour comme de nuit. Entre la police municipale et les travailleurs sociaux, c'est à un véritable maillage des quartiers qu'il faut arriver avec des gens formés et un soutien des habitants. Responsabilité est laissée ensuite à la police nationale d'intervenir en appui et en coordination avec les effectifs municipaux. À mes yeux, cette police de proximité ne doit pas être équipée d'armes létales.

Cela passe obligatoirement par un rôle nouveau attribué au maire et une complémentarité entre les polices, pas une concurrence.

Élu maire de Montpellier depuis juin 2020, Michaël Delafosse s'est résolument engagé dans cette voie. Convaincu que la sécurité constitue la première des libertés, il est à ce titre particulièrement actif pour la tranquillité publique, notamment en ce qui concerne les rodéos urbains ou la sécurité dans les transports en commun. Ainsi, il vient de créer une police des transports de la métropole de Montpellier, véritable matérialisation d'une solidarité entre communes sur la question de l'insécurité, sujet pour lequel les malfaiteurs se rient des frontières municipales ou du respect des prérogatives territoriales. Cette police des transports sera chargée de rassurer en luttant contre les incivilités et le harcèlement et pourra interpeller ceux qui seraient tentés de commettre des délits, comme des vols ou des agressions. Ces actions sont donc celles d'une police de proximité dont les missions restent axées sur le contact avec la population, la connaissance des quartiers, l'application stricte de la réglementation et, par conséquent, la complémentarité avec les forces de police ou de gendarmerie.

Je plaide fermement pour que le maire devienne, par la loi, le garant de la sécurité dans sa commune ou sa ville. Il faut lui donner le rôle de chef d'orchestre de la tranquillité locale.

On l'aura compris, je tiens à ce Big Bang territorial qui devrait redistribuer les cartes des pouvoirs et des libertés locales mais, surtout, redéfinir les articulations entre les niveaux de responsabilité. La réalité des relations entre l'État et les collectivités territoriales demeure compliquée et souvent infantilisante. Celles-ci relèvent souvent du dialogue de sourds, ou du rapport de force. C'est cela qu'il faut désormais modifier par une réforme profonde de l'État et des pouvoirs locaux, bref, une réforme institutionnelle recherchant réellement l'efficacité des réponses apportées à nos concitoyens. L'exemple des pays décentralisés comme l'Allemagne devrait nous inspirer.

L'utopie du monde commun

La démocratie ne consiste pas seulement à délibérer collectivement ou à élire des représentants, elle consiste également à régler les problèmes qui se posent à nous au moyen de la vérité. Celle que l'on doit aux citoyens mais que la société se doit aussi à elle-même.

Ce n'est donc pas par idéologie que je plaide pour ce Big Bang de la proximité : l'idéologie rend aveugle à la

Un Big Bang de la proximité

vérité, l'idéologie est souvent un « prêt-à-penser ». C'est plutôt par expérience, pragmatisme et au nom de valeurs. Mais aussi surtout par souci de considération, ma véritable règle de la méthode politique. Ce qui me guide, à travers cette considération accordée à tous, c'est précisément l'attention à la vie concrète des Français, à la vie ordinaire, celle de tous les jours ; celle qui débute le matin entre le petit déjeuner, les informations glanées à la radio, le départ pour le travail ou la course pour habiller les enfants et les emmener à l'école ; celle qui se poursuit dans les transports puis avec les clients ou les collègues le temps d'une réunion, d'une pause ou d'un déjeuner ; celle qui s'achève le soir avec les amis, la visite ou le coup de fil aux parents et à ceux à qui l'on vient en aide bénévolement, celle du repas ou du repos, de la culture ou de l'engagement. Des vies communes mais irremplaçables qui ne s'ancrent que dans les lieux où elles naissent et se développent.

Les Français sont depuis toujours traversés par des passions. C'est même la nature de notre pays bâti par l'État, donc par la politique. Toutefois, ces passions se sont transformées sous les assauts de la globalisation et de l'individualisation de notre société, mais aussi face à la réalité de la désindustrialisation et du péril climatique. Certes, ces passions demeurent mais elles prennent d'autres formes : plus inquiètes, moins spontanément internationales et donc plus empreintes de proximité. La France adopte un nouveau visage. Et la politique se réfugie, par conséquent, dans d'autres aspirations auxquelles nous devons répondre en tant que responsables, élus et citoyens.

Ces attentes se résument à une question que je retrouve dans chacun de mes déplacements en France : est-il possible de se projeter pacifiquement au sein d'un monde commun un peu meilleur et dans lequel nous pourrions vivre dignement de notre travail, où nos enfants pourraient grandir et construire leur avenir sans craindre la violence des hommes ou celle du climat ? De plus en plus de personnes partagent cette interrogation notamment les jeunes générations. Elle pouvait apparaître hier comme un rêve un peu tranquille, elle tend pourtant, aujourd'hui, à constituer la véritable utopie contemporaine. Celle d'un monde que nous avons en commun. Elle ne se fonde plus sur une révolution, mais sur un désir de changement radical pour trouver sa place dans ce monde-là, de le préserver des périls climatiques ou des conflits, afin d'y déployer sa créativité en bonne intelligence avec ses voisins, avec la nature, et de reprendre ainsi un contrôle sur nos vies.

C'est ce que nous ont prouvé l'ensemble des crises que nous traversons. À chaque fois, la proximité, la solidarité, l'utilité, la dignité et donc la considération due à chacun, ont été largement partagées et plébiscitées. De multiples initiatives s'en réclament au sein de collectifs d'artistes ou de citoyens, d'associations, d'entreprises sociales, de tiers-lieux, de boutiques solidaires, de fermes bio ou d'Amap, de festivals et d'innovations culturelles.

Ça bruisse, ça invente de partout. En effet, partout en France ces créations unissent les désirs profonds de

Un Big Bang de la proximité

gens très différents mais espérant tous dans les capacités de notre pays à rebondir. Ce ne sont donc pas le rejet ou l'enfermement qui fondent une telle société mais bien l'incroyable capacité d'adaptation des Français. À travers ses valeurs et les repères collectifs qu'elle offre aux citoyens, la République est notre cadre commun ; elle doit tenir toutes ses promesses. Et l'écologie est une de celles-ci.

Un nouveau rôle pour l'État

Cela fait quelques décennies qu'une part significative de notre existence collective a été abandonnée à la globalisation marchande et financière sur laquelle les citoyens et les démocraties ne pèsent pas. Mais ne nous y trompons pas, ce renoncement a représenté un choix avant tout politique, décidé en Grande-Bretagne et aux États-Unis à la toute fin des années 1970, puis en Europe et chez nous au milieu des années 1980 et dans le reste du monde au gré de la mondialisation. Dans ce nouvel ordre, l'administration des choses s'est substituée au gouvernement des hommes, comme le réclamait Saint-Simon au XIXe siècle. Sous le nom de « gouvernance », la technique a pris le pas sur la politique. L'application, la détermination et le contrôle des normes sont devenus un but en soi. Les bureaucrates ont pris le pouvoir sur les élus. Ces transformations ont épuisé et dévitalisé notre démocratie.

Cet affaiblissement a plus que jamais plongé la société dans une anxiété croissante. C'est de cette impasse

Une femme française

néolibérale et des chimères populistes qu'elle engendre que nous devons sortir. Notre premier chantier sera de replacer l'État à sa place et dans son rôle. C'est la magistrale leçon que le président Joe Biden nous donne aujourd'hui.

En réalité, toutes les crises ne font que souligner l'épuisement des différents modèles qui ont accompagné les transformations de la société depuis la fin de la Seconde Guerre mondiale. Dans un premier temps, la crise de l'État-Providence à la fin des années 1980, avec son chômage de masse et le retour de la grande pauvreté, a mis en lumière une réalité incontournable. Il est devenu difficile de réaliser la promesse de protection et de prospérité née du Conseil national de la résistance qui a bâti le modèle social et le pacte démocratique à l'œuvre durant les Trente Glorieuses.

Une deuxième période s'est ouverte, celle du libéralisme débridé, et du soi-disant ruissellement des richesses, de l'individualisme et de la compétition à tout prix. Depuis une trentaine d'années maintenant, on assiste à la déclinaison d'un *New Public Management* à la française. C'est en réalité une tentative d'importer des mécanismes de fonctionnement de l'entreprise dans la sphère publique, à travers la séparation des fonctions de stratégie et d'exécution. Tout un nouveau vocabulaire abscons a accompagné cette manière de penser : contrats d'objectifs, indicateurs de performance, etc. On voit les résultats que cela a eu sur l'hôpital public, un de nos biens communs les plus précieux, et aujourd'hui en crise car il ne pourra jamais être rentable, ce qui ne

Un Big Bang de la proximité

veut pas dire qu'il pourrait être mal géré, puisque son accès est universel et inconditionnel. Il devra quoi qu'il en coûte rester universel et inconditionnel.

Il n'est en rien une entreprise privée et cet entêtement a totalement désorganisé notre système de soins. Résultat, il n'était pas en état de faire face à la crise sanitaire comme il aurait dû l'être. Et s'il a tenu, c'est avant tout grâce au dévouement et à l'engagement de tous ses personnels qui ont été admirables durant les confinements mais qui en ressortent... totalement lessivés. En tant que maire de Paris, je suis présidente de l'AP-HP, les hôpitaux parisiens et d'Île-de-France, et je constate cette situation en permanence.

C'est pourquoi, en juin 2021, j'ai tenu à apporter mon soutien au référendum d'initiative partagée proposé par le Collectif inter-hôpitaux. Notre priorité doit être de redonner au système hospitalier public les moyens d'assurer ses missions dans de bonnes conditions. Des décisions sur la politique à mener pour l'hôpital, en rupture avec les choix réalisés ces dernières années, peuvent nous permettre de retrouver ce dont nous étions si fiers en France, notre système public de santé.

Le pilotage du système de santé doit associer les citoyens, les élus locaux, les usagers aux côtés des représentants de l'État et des acteurs de la santé pour définir les orientations sanitaires sur un territoire, en privilégiant le long terme et l'universalité. Notre pays a besoin d'un grand plan pour sauver l'hôpital public, qui devra apporter les financements à la fois pour la formation et le recrutement des professionnels de demain, pour l'indispensable revalorisation des carrières et pour des investissements adaptés aux besoins des territoires.

C'est désormais patent, ce modèle néolibéral n'est pas la solution, il est même dangereux au regard des enjeux. Outre l'hôpital, d'autres symptômes sont là : des dysfonctionnements en pagaille, le malaise des fonctionnaires, celui des policiers et de tous ceux qui se trouvent en première ligne. Sans compter les grandes transformations qui sont devant nous, que ce soit la transition écologique, les effets de la révolution numérique ou le regain de besoins démocratiques exprimés par nos concitoyens ; cette forme d'État ne fonctionne plus. Ce dernier éprouve de plus en plus de difficultés à remplir ses missions, à mobiliser ses fonctionnaires et à travailler avec des acteurs locaux, privés ou associatifs. Durant la pandémie, un grand nombre de citoyens, des *makers* dans des fab-labs ou tout simplement des couturières qui se sont organisées sur les réseaux sociaux, ont proposé de fabriquer des masques, des visières, même des respirateurs, etc. Mais au lieu d'encourager et de développer ces initiatives, l'État a édicté une fois encore ses fameuses « doctrines » avec un grand nombre de standards de qualité qui ont malheureusement stérilisé ce type d'activité. D'un autre côté, en dehors de cette expression de solidarité, nous nous retrouvions totalement dépendants de l'étranger. Ce qui a donné lieu à des scènes surréalistes durant le premier confinement.

Nous sommes donc au bout d'un modèle. Celui d'une puissance publique qui savait encore hier de quelle manière elle restait puissante, respectée et pourquoi elle

Un Big Bang de la proximité

devait être publique. Désormais, elle se méfie en permanence des pouvoirs locaux, des corps intermédiaires, des associations, s'abîme dans des contrôles tatillons. La France possède de nouveau un commissaire au Plan qui n'a... aucun plan, manie des concepts, s'intéresse à beaucoup de choses, mais ne décide officiellement de rien. Mais ce que la période révèle, au fond, c'est à quel point l'État est sommé de tout résoudre alors même qu'il se trouve dans l'incapacité de le faire. Notre État s'apparente aujourd'hui à une entreprise verticale sans pratiques collaboratives, ni management de projet.

Dès lors, comment réussir les autres chantiers sans régler d'abord celui-ci ? Car les transformations en cours touchent autant l'État que la société tout entière et les territoires. Dans le cas de la France, transformer le pays, c'est en réalité transformer profondément l'État dont personne ne perçoit plus aujourd'hui l'efficacité. Il doit donc se refonder dans son rôle de protecteur, de régulateur et d'investisseur. Le politique doit redonner de la vision pour ainsi préparer l'avenir. Le contrat entre les citoyens et le politique doit être clair.

La protection des citoyens et la préparation de l'avenir sont les premières missions de l'État ; les raisons pour lesquelles les citoyens acceptent de vivre ensemble sous des lois communes. C'est l'ossature même de la société. Et cela se traduit par le maintien et l'évolution des services publics essentiels. À travers eux, c'est une part de l'autorité publique qui s'affirme. Mais ce sont autant de services dont il est toutefois urgent de redessiner la cartographie à partir de ce que nous savons désormais de l'écologie, de la transformation des modes de vie, de la santé, du travail, du lien social... De ce point de vue, la question numérique est primordiale : aujourd'hui, ne pas disposer d'une connexion de bon niveau ne permet plus de travailler, d'entreprendre ou d'avoir accès aux services de l'État, des collectivités et à la protection sociale. C'est l'enjeu du développement de la fibre et la promesse du réseau 5G. En effet, l'attractivité d'un territoire n'existe qu'à partir du moment où la mobilité est garantie, dans l'espace et sur la Toile. Cela concerne donc les réseaux et l'échange de données, tout autant que le train et les réseaux ferrés. À côté de ce déploiement, l'effort doit se porter aussi sur un plan ferroviaire ambitieux et de grande ampleur à travers lequel l'État apportera aux régions l'investissement dont elles ont besoin. Nous devons refonder l'aménagement de notre pays et de tous ses territoires. C'est à ce prix que nous parviendrons à réussir la transition écologique et à réduire les inégalités sociales et territoriales qui minent notre pacte social et politique.

Aujourd'hui, l'État n'est ni régulateur, ni investisseur ni stratège. On le voit avec le plan de relance. C'est pourquoi les présidents d'exécutifs locaux ont eu raison de dénoncer dans *Le Monde* du 28 mai 2020 l'absence d'implication des collectivités territoriales dans la conception de ce plan gouvernemental. Pourtant, écrivent-ils, « la liste des projets structurants, innovants, que nous portons sur le front de la transition écologique et énergétique, est longue. Elle est le fruit de l'écosystème de confiance que nous avons patiemment

Un Big Bang de la proximité

construit avec les entreprises, PME et ETI, les filières, les grands groupes, les laboratoires de recherche et les universités depuis des années[1] ».

Autre exemple que je continue à porter à Paris : il y a plus de dix-sept mille taxis qui sillonnent la capitale tous les jours ; une vraie source de pollution dont on ne saurait rendre personnellement responsables les chauffeurs puisque c'est l'ensemble du parc automobile qui fonctionne encore largement avec de l'essence ou du gazole. J'ai donc émis l'idée que le plan de relance finance le passage à la voiture électrique ou hybride de l'ensemble des taxis parisiens ; une aide ciblée les incitant à changer de véhicule. Cette aide viendrait de surcroît directement soutenir les artisans taxi qui font un métier exigeant et qui ont su s'adapter ces dernières années. L'État est malheureusement resté sourd à ce projet.

En matière de régulation, l'État rechigne encore à poser un cadre qui donnerait aux pouvoirs locaux les moyens de réaliser et de coordonner à leur échelle leurs actions propres. Il ne s'agit pas, à mes yeux, de leur sous-traiter l'impuissance publique mais bien de remettre dans les mains des élus locaux une nouvelle puissance qui leur permettra d'intervenir au nom des principes républicains et de l'État de droit sans abandonner certains territoires, en particulier les banlieues.

---

1. « Pour la relance et la reconstruction, nous sommes prêts ! », appel de dix-neuf présidents de régions et collectivités territoriales, *Le Monde*, 28 mai 2020.

Une femme française

On l'a bien vu lors de la présentation du plan ambitieux, en mai 2018, de Jean-Louis Borloo.
 Les idées contenues dans ce rapport étaient particulièrement sérieuses et judicieuses. La commune y est considérée comme la petite république dans la grande, soit le bon niveau pour agir. Ce plan qui n'a pas été retenu participait pourtant à la réparation du pays. Là aussi, quel gâchis... Retrouver la confiance dans notre capacité à agir ensemble, retrouver le goût du débat respectueux, le goût de la République qui est sociale et laïque. Tel est l'enjeu. L'échéance présidentielle est le moment pour décider de notre destin commun, dans la vérité et l'authenticité, loin de la comédie du pouvoir.

Conclusion

Considérer, réparer, préparer

On peut dater de 2012 avec les attentats de Toulouse et Montauban, mais plus sûrement de 2015, le basculement de la société française dans une nouvelle phase de son histoire. Plus tendue et plus méfiante, elle s'est alors engagée dans une voie de confrontations. La discussion publique est alors devenue plus conflictuelle, s'éloignant d'autant d'une dispute civique comme cela est le cas dans les démocraties civilisées. C'est particulièrement vrai sur les réseaux sociaux. Dans le même temps, la menace de l'extrême droite et des populismes s'est faite plus pesante.

L'élection de 2017, qui aurait pu apaiser la France, n'a pas tenu sa promesse. Nous avons connu, coup sur coup, la grande révolte des ronds-points qui s'est abîmée dans des jacqueries répétitives et violentes au cœur des villes, puis, en 2019, avec la réforme des retraites, le plus long conflit social depuis la fin des années 1980. Lequel n'a pris fin que parce que la pandémie est venue tout submerger. À cela s'ajoutent les déceptions successives vis-à-vis de notre système politique. Elles s'expriment par de multiples phénomènes allant de l'abstention électorale au désintérêt pur et simple pour

Une femme française

la vie civique, de l'outrance dans le débat politique aux passages à l'acte violent sur la voie publique. Rarement le ressentiment – cette exaspération nourrie par un sentiment d'injustice et de colère sociale – n'aura été aussi puissant. Force est de constater que la France est inquiète, abîmée, divisée, minée par les inégalités sociales et territoriales.

De cette décennie nous sortons sonnés. Mais ces crises ainsi que les différents confinements ont eu au moins ce mérite de nous obliger à regarder notre pays avec des yeux neufs. Tout a tellement changé en si peu de temps ; l'écologie, l'agriculture bio, les circuits courts ou l'idée que nous nous faisons de la santé et des soignants qui ont permis au pays de tenir. Ou encore la place que nous accordons au travail, à des relocalisations indispensables pour retrouver une souveraineté industrielle, sanitaire sont autant d'opportunités nouvelles pour notre pays et notre avenir. Le sens de ce qui est utile et essentiel dans la société, comme la vie de famille, l'école et les relations de voisinage, les liens sociaux, la relation au vivant et à la nature... Une chose est certaine, nous ne pouvons pas nous projeter dans les cinq années qui viennent avec les idées et les recettes d'hier. Plus que jamais, les choix que nous nous apprêtons à faire au printemps 2022 seront décisifs comme ils ne l'ont peut-être jamais été depuis 1945.

La vérité, c'est que les choix politiques des Français s'ancrent de moins en moins dans de grandes idéologies ou dans l'adhésion à un parti, mais se forgent de plus en plus à partir de leur engagement, de leur expérience

Conclusion

personnelle, presque émotionnelle. Ce qui fait que les attentes n'ont jamais été aussi fortes à l'égard de notre démocratie. Pouvoir donner plus régulièrement son point de vue, exprimer ce que l'on vit, être aussi acteur de la décision publique et ne plus la subir. Les espoirs et les doutes, qui sont le lot de toute vie humaine, doivent être entendus par le politique et se traduire dans la méthode démocratique. Nos concitoyens demandent donc à être pacifiquement au sein d'un monde commun préservé de la violence des hommes et des dérèglements climatiques. Le politique consiste donc à entendre toutes leurs paroles – aussi contradictoires soient-elles – et à les restituer publiquement, à créer de la confiance et du consensus autour d'une mission, d'un cap, d'un chemin partagé. Ce que j'appelle l'utopie du monde commun.

Ce dialogue doit pouvoir se nouer entre les Français. La démocratie est cette conversation civique infinie. Elle ne prend pas obligatoirement la forme d'une dispute, d'un pugilat ou d'un déversement de haine. C'est même le contraire. La démocratie commence avec le respect d'une parole différente parce que c'est sain de ne pas tous penser pareil. De ce respect naît la rencontre, de la rencontre jaillit la conversation. Et c'est ce dialogue qui rend alors possible l'engagement, le souci du monde commun et cette envie retrouvée de tourner le dos à une France mal en point.

Je suis confiante dans la capacité des Françaises et des Français à faire prévaloir la proximité, la solidarité, l'utilité, la dignité, l'intérêt pour ce que vivront les générations futures. C'est ce que je nomme la considération.

Une femme française

Je ne rêve pas d'un grand soir de la Ve République. Si notre vie politique s'asphyxie, la Constitution en revanche a montré des capacités d'adaptation : l'heure n'est pas à la révolution mais à la réinterprétation, celle de la Constitution et, partant, des nouveaux défis écologiques, culturels, sociaux et démocratiques. C'est aussi cela la réparation.

Pour cela, il faudra redonner le pouvoir au Parlement de représenter réellement les Françaises et les Français, et pas seulement de nourrir un jeu stérile entre une opposition qui s'oppose et une majorité, dépourvues l'une comme l'autre de tout pouvoir sur l'exécutif. Un exécutif qui doit être clair, un Premier ministre qui gouverne, responsable devant le Parlement, un président qui préside, qui fixe le cap, qui représente les intérêts de la nation à l'international, qui est le véritable garant de nos institutions et, bien sûr, dois-je le rappeler, de l'indépendance de la justice.

Des réformes institutionnelles sont indispensables.

Il nous faudra imaginer et construire ce que Dominique Rousseau, professeur de droit constitutionnel, appelle « la démocratie continue », organisant les formes de la construction de décisions et de solutions comme nous le faisons à l'échelle locale à partir des consultations de conférences citoyennes respectées dans leurs propositions.

Faisons respirer la République et la démocratie, donnons les marges de manœuvre et le pouvoir nécessaire à celles et ceux qui sont au plus près des citoyens mais aussi aux partenaires sociaux, aux entrepreneurs, aux artistes, aux citoyennes et citoyens.

Conclusion

Notre démocratie doit être plus agile, plus continue entre deux élections. Nos choix doivent être éclairés par la science, l'expérience et l'intelligence des citoyens.

Bien sûr, notre destin ne peut se penser en dehors du monde dans lequel nous vivons et en dehors de l'Europe qui est notre espace commun.

Je suis aussi européenne convaincue. Mon action à Paris le prouve : aux côtés de nombreux homologues européens et de réseaux de villes, je souhaite orienter la construction européenne vers un modèle plus social et écologique, une Europe plus forte, au service de ses habitants et de ses territoires.

Et cela passe aussi par la construction d'une véritable politique européenne de sécurité et de défense commune, afin de renforcer l'autonomie et la sécurité de notre continent, notamment dans les domaines cruciaux du numérique, de l'énergie ou des flux migratoires. Il s'agit de la dernière brique pour enfin atteindre un vrai destin européen commun.

Une politique commune de sécurité et de défense ayant pleinement les moyens de ses ambitions permettrait à l'Europe d'être un acteur stratégique complet capable de défendre ses intérêts, au moment où la Chine et la Russie mettent au défi l'ordre international et où les États-Unis se tournent vers le Pacifique. Le traité de Lisbonne nous a fourni certains instruments. À nous, Européens, de les concrétiser et d'avancer vers une véritable autonomie stratégique européenne. Des projets réalisés grâce à une coopération structurée et permanente ont été initiés ces dernières années, c'est

Une femme française

un bon signal mais il doit être amplifié en y mettant les moyens, notamment budgétaires et en sortant une fois pour toutes du dogme des politiques d'austérité.

Les évolutions de l'Afrique, le retour de la Russie et de la Turquie, les tensions grandissantes entre la Chine et les États-Unis sur fond de compétitions stratégique, économique, climatique et d'enjeux numériques et énergétiques, pour ne pas évoquer la question des modèles politiques et de la survie de la démocratie, l'instabilité persistante au Moyen-Orient, tous ces enjeux sont face à nous. Leurs effets ne doivent pas être négligés, car ils affecteront les Français – qu'ils le souhaitent ou non –, y compris dans leur vie quotidienne. Ils doivent inviter la France à maintenir sa singularité sur la scène internationale et l'Europe à devenir une puissance.

Nous le savons, les cinq années qui viennent sont décisives. Pour nous, Français et Européens, l'affirmation d'une voie tirant les leçons de notre histoire est indispensable.

La tâche est difficile tant le processus de décision en Europe, notamment les règles d'unanimité, provoquent des blocages et de l'impuissance donc l'éloignement du rêve européen pour de très nombreux citoyens.

Je crois profondément à cet espace commun qui est l'Europe, pour autant que là aussi les citoyens décident plus directement de leur avenir. La transition écologique, la révolution numérique, le « Green Deal », l'Europe sociale ou encore le plan de relance doivent être mobilisés pour fabriquer réellement ce destin commun. Il faudra faire respirer aussi l'Europe.

Conclusion

Les années qui viennent seront décisives pour notre pays et, nous le savons, nous sommes au pied du mur.

Engager un débat serein mais franc et éclairé est une condition essentielle. Un débat authentique, un débat fraternel. La jeunesse attend de nous ce dépassement, cette prise en compte de sa vie future.

Les cinq ans qui viennent doivent être mis à profit pour lutter contre les inégalités dévastatrices, contre le dérèglement climatique et l'érosion de la biodiversité. Ce temps est précieux nous ne pouvons plus renoncer à agir, la dette écologique colossale que nos générations passées ont générée ne peut être notre legs aux nouvelles et futures générations. Nous devons construire ce monde moins égoïste et plus responsable si nous voulons donner des chances à la paix.

J'aime citer le pasteur Martin Luther King, homme à la pensée universelle, visionnaire combattant pour les droits civiques des Afro-Américains : « Il vaut mieux apprendre à vivre ensemble comme des frères que de mourir ensemble comme des idiots. » Il disait aussi : « Il faudrait que ceux qui préfèrent la paix sachent s'organiser aussi efficacement que ceux qui préfèrent la guerre. »

Tout un programme... En fait le grand rendez-vous démocratique de 2022 doit nous permettre de mener cette conversation entre Français et avec nos partenaires en Europe et dans le monde. Cette conversation doit nous permettre de créer le consensus sur les enjeux et sur le cap à suivre. Cet exercice démocratique sera passionnant, que chacune et chacun s'en saisisse.

Pour ma part, je serai au rendez-vous.

Sie wurde also oft unterrichtet.

Sie lebt also einmal, auf Zypern allen gezeigt.
Das rote Buch /

J
Wenn es ein Sehr gibt, der [?] Ana Hidalgo
[crossed out] asprechtsprich schreit
dann ist es — asprecht wie Regen rosa
                                     auf [crossed out]
                                     Eiffelturm

Das schafft sie nicht !? Wenn es —
der
das neue Spedere
späto Stadt, rann (und mit Bequemlichkeit)
der "Concierge"- fromm
— der 2014, 2015 unmal Als
Beginn in Paris besucht, will ich der
plans, dass ich die Rolle [?] auf jeden
Fall.
Sie hätte es ist began gut hier in
zum propper Büros der des hein. Aber
ure ich die Provinz [?] word.
Drinne lyer, Lebe zuplatten.
Aber die Reise/ Note alle ...
In her mayer Sozialdemokratie. Kein
besser Wort kenst [?], hast flucher
Reden + :Thema ... und loft auf
der Jolob-Effect. Am 1°. April
Vorlin. Aber was kann in Paris ist [?] Ihr
Paris Ast bis 2016. Am 25/17 sich der
                                        neue Not

Table des matières

Introduction. La France en considération 9
    La leçon de Notre-Dame 10
    La considération, clé du politique 12
    Nos promesses républicaines 15
    La souveraineté des citoyens 17

1. Un engagement au féminin 21
    Libres et égales 23
    La mixité, une expérience de l'égalité 27
    La révolution de la parité 31
    Le pouvoir au féminin 34
    Le temps des femmes 46

2. La République quoi qu'il en coûte 53
    Contre l'assignation identitaire 56
    Le français, ciment de l'intégration 60
    L'expérience de la francophonie 64
    Génie de la laïcité 67
    Quand la République doute 73

3. Tenir la promesse républicaine 89
    Ma géographie du labeur 89
    École, travail, logement, santé : la désintégration ... 93
    Pour l'honneur des enseignants 103

Apprendre en travaillant 113
Un nouveau chapitre de l'émancipation.................... 119
Les territoires au travail... 135

4. Pour une République écologique 143
L'écologie au-delà des partis 144
Agir local... 146
La voix singulière de la France................................... 150
Un leadership à reconquérir....................................... 156
Pour une justice climatique 159

5. Un Big Bang de la proximité 163
Covid-19 : le mépris des solutions locales................. 164
Une équipe de France des maires............................... 171
Faire respirer la République 174
Réfléchir comme un maire 181
La sécurité et la solidarité, premières des libertés..... 184
L'utopie du monde commun 188
Un nouveau rôle pour l'État....................................... 191

Conclusion. Considérer, réparer, préparer 199

Composition et mise en pages
Nord Compo à Villeneuve-d'Ascq

CET OUVRAGE
A ÉTÉ ACHEVÉ D'IMPRIMER
SUR ROTO-PAGE
PAR L'IMPRIMERIE FLOCH À MAYENNE
EN AOÛT 2021

N° d'impression : 98920
Imprimé en France